歴史文化ライブラリー

199

倭国と渡来人

交錯する「内」と「外」

田中史生

吉川弘文館

目次

渡来人と「日本」

1　渡来人と「日本」

「渡来人」のイメージ

かつてから、渡来人《とらいじん》については、彼・彼女らがどこの出身者でいつどこに定着したのか、またなぜ移住してきたのか、あるいはどういう文化・技術を持って、移動先にいかなる影響を与えたかなどが盛んに議論されてきた。

すなわち、渡来人には、異なる地域・文化・集団の間で発生した移動・移住の問題が強く意識されている。渡来人には、まずそれを「外」から「渡って来た」と認識する「内」なる主体の存在が前提とされている。渡来人は、そこにおいて「内」にありながら「外部」者として扱われる。そのかぎりで、渡来人の語は学際的用語として用いられる「異人《いじん》」にも近い。

ところが、渡来人は、その字句に誰がどこを渡りどこへ移ったのかを指し示す文字が全く含まれないにもかかわらず、一般にそれは、「異人」よりもより限定的、かつ具体的な行動を起こした人々としてイメージされる。例えば高校の日本史の教科書を開けば、渡来人は大体において中国大陸や朝鮮半島から「移住」「来住」した者と説明されている。彼らによって、新しい文化や諸技術が古代の日本に伝えられたというのが大方の教科書の筋書きなのである。いくつかの辞書も「渡来」をわざわざ「外国から海をわたってくること」と説明する。「東国の〇〇地域から九州の〇〇地域へ渡来した」などという言い方ではやや違和感を覚えるように、「渡来人」でまず思い浮かぶのは列島内の移動者ではなく、列島を囲む大海を渡り来た外来者の姿であり、つまりは「内」なる「日本」へ「外」からやって来た者のイメージである。このように我々は「渡来人」の裏側になぜか「日本」をみようとしてしまう。そしておそらくそれは、戦後の渡来人研究がまさにこの問いとともに出発し、苦闘してきたことと関係している。

渡来人研究の出発点

よく知られているように、渡来人研究の出発点は帰化人《きかじん》研究にある。渡来人研究が「日本」を意識した議論となるのは、その視点・枠組みを帰化人研究から引き継いでいるからでもある。戦前の研究は概して古代に活躍した「帰化人」の血統や文化を日本が同化・吸収したことを強調して、大日本帝国の朝鮮支配などを正当化する傾向にあった。したがって、その反省の上に立って始められた戦後の帰化人研究には、それまでの独善的史観に基づく「帰化人」像を見直し、実証的な研究を通して日本史の再構築を目指すという明確な目的があった。

その先駆的研究が関晃の『帰化人』(至文堂、一九五六年)である。関はその序論において、「以前は日本人の固有の文化とか素質とかいうものを、何かむやみに高いものときめてかかる風潮があって、帰化人のはたらきは、いかに大きなものだったにしても、結局はそういう固有のものの発展を外から刺戟《しげき》し、促進したにすぎないという見方が強かった」と、戦前の日本の歴史認識を批判する。そして「はしがき」では、「古代の帰化人は、我々の祖先だということ、日本の古代社会を形成したのは主に彼ら帰化人の力だったということ、この二つの事実が、とくに本書ではっきりさせたかったことである」とその研究目的を述べる。関は、「帰化人」の持つ血統や文化的特殊性を「日本」がその基層部に消化するまでの歴史に、帰化人研究の意義を見出した。古代の「帰化人」は血統的にも文化的にも現代につらなる「日本」「日本人」の大きな一部であると主張して、帝国主義への反省から「日本」の史的・民族的固有性を過度に強調しようとする終戦直後の歴史学の議論をも強く牽制《けんせい》したのである。

この日本史側からの「帰化人」の位置付けに、「東アジア」や「民族差別」の視点が本格的に加わったのは一九六〇年代に入ってからのことである。これが明確にあらわれたのが、一九六五年に出版された上田正昭の『帰化人』(中央公論社)であろう。ここでは、人の移動を生み出す東アジアの動向と、そのなかでの日本古代国家形成という視点から、「帰化人」の歴史が跡づけられた。また、「帰化人」が天皇を中心とする律令国家の王化思想にもとづく用語であることを確認しつつ、現代の民族的差別と「古代の支配者層がいだいていた蕃国の観念」との親和性が問題とされた。

さらに一九七〇年代に入ると、特に民族差別の問題とからんで、研究書・教科書で一般的となっていた「帰化人」の語に対する批判が活発化する。そしてとうとう七五年以降、教科書において「帰化人」の語は徐々に「渡来人」へと書き改められていった。

この時期、「帰化人」の語を批判し「渡来人」の語の使用を積極的に訴えた一人に作家の金達寿《キムタルス》がいる。金は、七世紀以前の古代史には民族も国家もなく、渡来人が列島に移住したことによって広がる同一人種の朝日関係史だけが存在したと考えた。そこには、七世紀以前の列島の住人の大多数を朝鮮半島からの移住者とみる金の基本理解がある。金は

「帰化人」を認識する主体が「帰化人」であるのはおかしいと述べて、そこにいるのはただ半島から列島への地理的移住者、すなわち「渡来人」だけだと主張したのである。金は渡来人のイメージを、ヨーロッパからアメリカに渡った移民とも重ね合わせていた（『帰化人』ということば」『日本のなかの朝鮮文化』6、一九七〇年）。金の渡来人論は、「帰化人」の語でイメージされてきた中心としての「日本」、周縁としての「朝鮮」を、「渡来人」の語を用いることで相対化しようと試みたものといってもよいだろう。

以上、七〇年代までの研究史をかなり大雑把に概観したが、それだけでも、「帰化人」「渡来人」をめぐる議論が、「日本」「日本人」を問うことと深く結び付いて深まっていったことが了解されるだろう。

「日本」の境界

ところで、辞書や教科書は、「渡来」「渡来人」でイメージされる「日本」の境界の歴史性をどれほど意識した記述を行っているであろうか。ただ「外国から海をわたってくる」と説明するだけでは、あるいは「中国大陸や朝鮮半島」から「移住」「来住」したと説明するだけでは、そこに横たわる「境界」の歴史性・異質性はほとんど見えてこない。現代国家の枠組みを無前提に古く遡《さかのぼ》らせる歴史叙述のありかたが、近代国家（国民国家）の構造と分かちがたく結び付いていることは、歴史学研究者の間ではもうすっかりお馴染みのことである。辞書や教科書のほとんども、おそらくこの批判から逃れることはできないであろう。

右にみた研究史も、実はよく吟味すれば戦前の議論や現代「日本」の枠組みが無前提に持ち込まれている箇所がある（田中史生「古代の渡来人と戦後『日本』論」『関東学院大学経済経営研究所年報』二四、二〇〇二年）。しかし少なくとも教科書や辞書のように現代「日本」を安易に遡らせた帰化人論、渡来人論となっていないことは確かであろう。現代「日本」を歴史のなかに相対化しようとする意図を持った議論だからである。

「内」と「外」の境界が多元的・重層的であることは当然のことであるし、そこから「渡来人」を「日本史」「一国史」にとらわれすぎた概念だと批判することもできるだろう。しかし、すでにみたように、渡来人研究は近代「日本」の正統性を無批判に歴史に求めてきた姿勢そのものを批判してきた。「日本」を普遍化するのではなく、歴史的に問い直そうとしてきた。その姿勢は評価されるべきだし、この点で「異人」論ともその研究目的が異なるのである。

今は古代と呼んでいる時代の列島の一部には、確かに「日本国」「倭国《わ》」と国際的に認知される「国」が存在した。その古代「日本」の支配者たちが残した六国史《りっこくし》などの史料の中には、朝鮮半島や中国大陸の住人の列島への移動・移住・活躍などが、「百済《くだら》」「新羅《しらぎ》」「高句麗《こうくり》」「唐《とう》」といった彼・彼女らの出身国名とともに記されている。こうした記述の背後に、古代において認識された「内」としての「倭」「日本」が見え隠れするのである。これこそ渡来人の問題である。ただし、そこにあらわれる「倭」「日本」は、あくまで現代「日本」とは異質な社会に生きた古代支配者層の意識とともにある。これをすぐさま「古代のわが国」などと考えたり表現したりするから、現代「日本」につながる単線的な発展史・国民史の一部としての古代史だけがイメージされてしまうのである。

そもそも私たちは、現在、グローバリゼーションのもたらした変革著しい時代にあって、社会がその「内」に蓄えてきたもののいくつかを捨て去る一方、「外」のものを「内」に受け継いで、新たな社会を創造する姿を何度も目の当たりにしている。少し遡れば、近代「日本」の出現、あるいは世界中の近代国家の成り立ちの多くもそうであった。そして同じ事が近代以前にも起こっていた。歴史上、恒常的な交流の成立は、社会と社会が新たに結び付いたことを意味する。そして、その交流の拡大や変化が、それまでの社会の枠組みを変え、新しい社会を生むことも度々であった。「内」「外」の複線の継承・重層・断絶で、新たな「内」が形成されていく。歴史的展開に交流史・交通史の役割は決定的である。ゆえに、歴史は単線的ではなく複線的・複合的・重層的なのであり、そのいくつかに断線もある。

本書のねらい

本書もまた、これまでの渡来人研究と同様、「倭」「日本」の境界領域を往来した渡来人を通して、「倭」「日本」の枠組みの史的実像を浮き彫りにしようと試みるものである。そこに、「古代のわが国」と表現されることで安易にイメージされる空間・世界とは全く別の、古代の社会・境界が浮かび上がることを期待している。その意味で、本書がいう「渡来人」も、字句を越えて、研究上の意図・目的を持った用語である。

しかしここからは、現代「日本」の史的前提だけが相対化されるわけではない。列島の多元的社会が、古代に遡って、その住人や支配者の手の離れた国際社会の多元性に左右される一面までみえてくる。渡来人の渡った空間は渡航すら容易でない常駐を拒む大海である。この海から、没交渉的な「島国日本」を想像するのは完全に誤っているが、まるで家の前の生活道路のように、日常的な交流を想像するのも正しくない。ここの移動には、その他一般の交通・移動とは比較にならないほどの困難・危険がともなう。そのため、ここを通る人々は、安全確保のためにも東アジア諸王権との関係を必要とした。大海はその地理的条件によって、長い間、列島と半島・大陸の日常的な交流を阻み、一方で政治を巻き込み多様に結び付く交通の場として機能した。ここはいわばそれ自体が、遮断・開放を備えた境界機能を果たす地理的、歴史的個性を持った一つの舞台なのである。したがって好むと好まざるとにかかわらず、ここを渡る者は政治的にも越境者としての意味を持ち、彼らが持ち込むその越境的関係が政治的な「内」と「外」の壁を揺らし続けた。列島に広がるいくつもの古代社会は渡来人の目の前で次々とその姿を変えていき、また彼ら自身がその変化に大きくかかわっていったのである。

なお、本書はすでに表題でも示したように、考察対象の軸をいわゆる古代史全般ではなく、倭国の時代に据えている。これはもともと編集部の依頼によるものだが、本書ではそれを古代史全般の問題のためにより積極的に利用することにした。というのは、現在の渡来人像は、渡来人研究が「帰化人」の研究から出発したこともあって、「帰化人」像の影響をいまだ色濃く受け継いでいる。しかし、「帰化人」が一般的となるのは、倭国の時代ではなく「日本」を王朝名に採用した律令国家《りつりょうこっか》の時代である。したがって、倭国の時代に「帰化人」のイメージを持ち込んで倭国の境界を越え来る人々を捉えようとすると、そこから漏れる渡来人が大量に発生する。すなわち、倭国の時代の渡来人を、律令国家の時代から一旦引き離して鳥瞰《ちょうかん》することは、これまでの渡来人像をあらためて捉え直すことにつながるはずであるし、倭国を日本律令国家の前身としてだけではなく、律令国家とは全く異なるものとして評価することにもつながると考えるのである。古代史にかぎってみても「倭」から「日本」への歴史的展開は、決して単線的な発展形態とはみなせない。まずはこの事実を確認することから、本論を始めることにしたい。

絡み合う渡来の契機

西暦	
397	百済，王子直支を「質」とし倭へ派遣する。
402	新羅，王子未斯欣を「質」とし倭へ派遣する。
405	百済王子直支，倭から帰国し即位する。
418	新羅王子未斯欣，倭から逃げ帰る。葛城襲津彦，これに怒り新羅の城を攻め，四邑の漢人を連れ帰るという。
429	百済，池津媛を倭王のもとへ派遣か。
442	葛城襲津彦，新羅から贈与を受けて大加耶を攻撃する。
460	倭王済，宋に遣使する。
461	百済，王弟軍君を倭へ派遣する。
462	倭王興，宋に遣使する。
475	この頃百済王弟軍君，倭から帰国するか。
512	百済から贈与を受けた大伴金村らが，倭王へ百済の対加耶政策に協力するよう進言する。
588	百済，倭へ僧侶や造寺関連技術者を贈与。法興寺の建立が開始される。善信尼ら百済へ留学する。
593	法興寺の刹柱を立てる。蘇我馬子ら 百余人，百済服を着用してこれに参列する。
595	高句麗僧慧慈，渡来し王子厩戸の師となる。
612	百済から渡来の技術者，自ら優れた技術の保持をアピールし，倭に受け入れられる。
615	高句麗僧慧慈，高句麗へ帰国する。
643	百済，王子豊璋を倭へ派遣。蘇我蝦夷らとも親交を持つ。
660	百済，滅ぶ。
661	百済王子豊璋，倭から帰郷する。
668	中臣鎌足，新羅上卿金庾信に船 1 隻を贈る。
681	天武天皇，律令の編纂を命じる。「帰化人」に 10 年間の税免除を行う。
701	大宝律令が施行される。
757	養老律令が施行される。
774	光仁天皇，「帰化」と「流来」の区別を命じる。

「帰化人」と「渡来人」

「帰化人」とは何か

教科書のなかには「渡来人」の語の横に「帰化人」をその別称として付すものがある。これは、すでに述べたように渡来人がかつて「帰化人」と呼ばれていたためである。「帰化人」という語句は批判され、今は「渡来人」が一般的に用いられるようになった。「帰化人」はなぜ批判されたのであろうか。

「帰化」はもともと中国の中華思想《ちゅうかしそう》に起源を持つ語である。天命を受けて文明世界の頂点に君臨した中華皇帝のもとには、その威と人徳を慕い、周辺にある野蛮な諸民族までが集い来ると考えられていた。そして彼らが自らこの文明国家の住人となることを希望し申し出る時、これを「帰化」と称したのである。中華帝国は、皇帝統治の及ぶ範囲を「化《け》内《ない》」、その外側を「化外《けがい》」と呼んで、野蛮な化外の民の「帰化」申請を儒教的精神のもとに哀れみをもって受け入れ、彼らを化内の文明世界に編入するという姿勢を打ち出していた。

この中華思想を前提とした「帰化」は、日本でも、唐律令《とうりつれい》の強い影響のもとに成立した律令法《りつりようほう》でその取り扱いが明確に規定されている。それによると、「帰化人」が渡来した場合、以下のような手続きがとられることになっていた。

化外の民が「帰化」を目的に来着すると、そこの地方官たる国司《こくし》・郡司《ぐんじ》たちは彼らに衣食を保障するとともに、ただちに「帰化人」到来を中央に報告しなければならない（戸令没落外蕃条）。その後、彼らには定住すべき地が示されて、その地で戸籍《こせき》に附《ふ》されるとともに（戸令没落外蕃条）、口分田《くぶんでん》も支給される。新たに始まった化内での生活の不安定さを考慮して、特別に税も免除された。「復《ふく》」と呼ばれる課役免除が一〇年間行われたのである（賦役令没落外蕃条）。

ただし、この復でも田に課せられる租《そ》は免除されない。日本に受け入れられる「帰化人」たちにはただちに農耕に従事することが要求されていた。したがって、日本令の「帰化」規定では農の「帰化」だけが想定されていたことになる。事実、実態とは異なるレヴ

図1　8世紀の中華的世界観

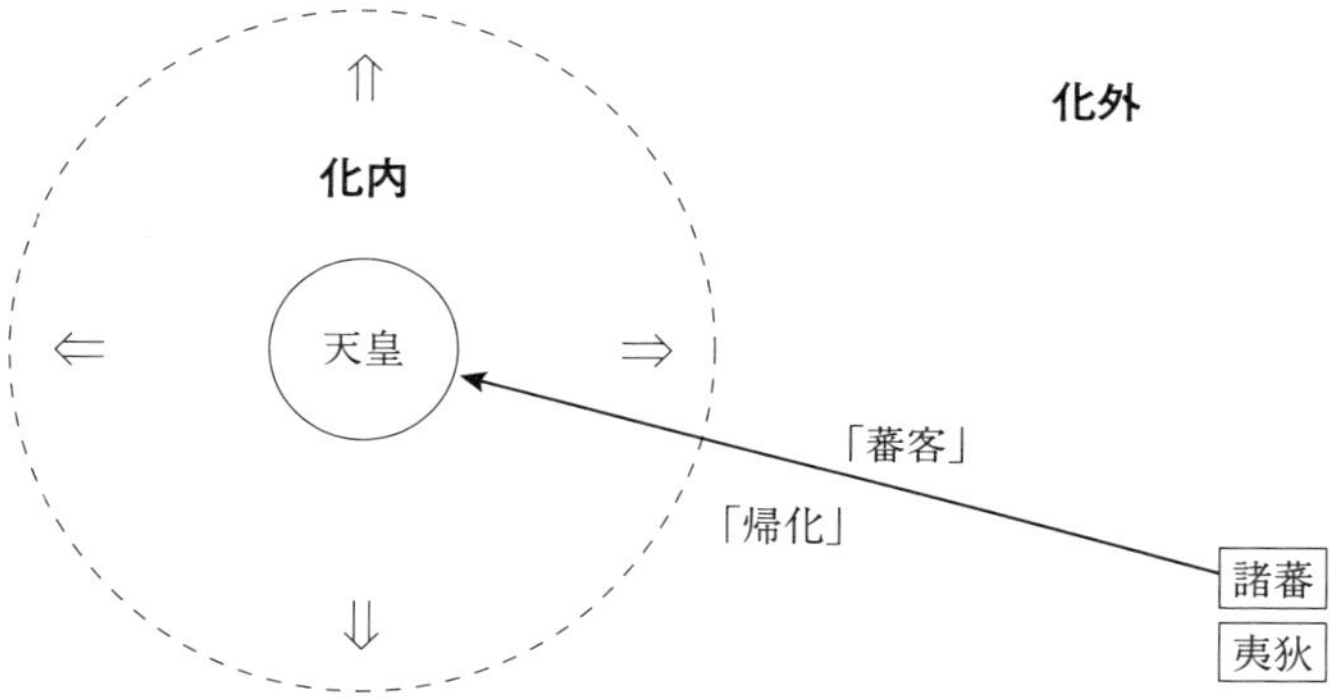

エルで狩猟民的性格だけが強調された化外の蝦夷《えみし》には、「帰化」の規定が見あたらない。彼らは、国家が強く促さなければ主体的には化内の民になろうとはしない狩猟民とみなされていたのである。

一方、化外の民のなかでも「諸蕃《しょばん》」と称される朝鮮半島や中国大陸の国々から渡来した人々は、「帰化」か「蕃客《ばんきゃく》」（外交使節）のいずれかで受け入れられた。いやむしろ、日本令は「諸蕃人」の渡来に、「蕃客」「帰化」の二つしか用意しなかったといった方が正しかろう。八世紀の大宝令《たいほうりょう》・養老令《ようろうりょう》制下では、七七四年（宝亀五）に漂流を「帰化」から区別し「流来」とするまで、漂流民さえも「帰化人」としていたのである（山内晋次『奈良平安期の日本と東アジア』吉川弘文館、二〇〇三年)。しかも彼らが一旦「帰化人」として受け入れられてしまうと、それが実際は漂流民であっても、律令法上はそのまま天皇の民として国家に把握されることになる。その後は、他の「華夏百姓《かかひやくせい》」同様、勝手に日本を出る、あるいは故国に帰ることが許されない。すなわち、実際の渡来理由はどうであれ、渡来人が「帰化人」として受け入れられるということは、化内への定着を前提に、天皇を中心とした律令国家による一元的支配体制の中に組み込まれることを意味していた。律令国家は無理矢理にでも「帰化人」の存在を強調して、自らが諸民族支配の許された文明世界の中心にあることを演出したのである（田中史生・一九九七年）。

したがってここから、研究者・教科書が原始・古代で広く「帰化人」の語を用いることに対し、大別二つの批判が展開されることとなった。一つは、「帰化」概念は一定の支配領域と中華的思想を持つ国家・君主の登場を待って成立するものだから、それを無視した「帰化人」の語の氾濫は、「帰化」の歴史性を無視するものだという批判であり、もう一つは、渡来の実態を無視した「帰化人」史観が明治以来の日本の中国・朝鮮に対する侵略・支配の正当化に利用された、あるいは近代の民族差別に貢献しているという批判である。

「帰化」を遡る

『日本書紀《にほんしょき》』（以下『書紀』と略す）をそのまま使えば、「帰化」の語の登場は古墳時代前期にまで遡らせることすらできる。しかし、八世紀の律令期に編まれた『書紀』の記事や語句には、編纂当時の政治認識による潤色が多く施されていて、そこに記された「帰化」「投化」の語を根拠に、倭国に古くから「帰化」があったとすることはもちろんできない。そのなかで、「帰化」の語が実際に使用されたと判断できる最初の事例は、天武《てんむ》一〇年（六八一）八月丙子条である。これは、朝鮮半島からの「帰化人」に対して律令法の規定する一〇年間の税免除を適用したというものである。天武天皇はすでに同年二月に飛鳥浄御原令《あすかきよみがはらりょう》の編纂を命じていたが、それが本格的に施行されるのは次の持統《じとう》天皇の時代を待たねばならない。しかし、本書の最後でも述べるように、天武天皇は、当時の朝鮮半島情勢の激変とともに渡来する多くの人々に対して、浄御原令の完成前に先駆的にその規定を適用しようとした。令の「帰化人」規定の適用とかかわり登場するこれら渡来人が、『書紀』の伝えるように当時も実際に「帰化」と呼ばれていたことはほぼ確実であろう。「日本」という王朝名や「天皇」号を採用したことが有力視されている天武王権の、その背後にある中華的な政治思想がここにもあらわれている。

ただし、これより前の渡来人に対し、「帰化」の語が全く用いられなかったと断定することも実は難しい。中華思想に類する華夷《かい》思想を、倭国も含めて中国周辺の諸国はすでに早々と取り入れていたからである（酒寄雅志『渤海と古代の日本』校倉書房、二〇〇一年）。実際、四一四年建立の高句麗の広開土王《こうかいどおう》碑文第Ⅲ面には「慕化」「帰王」の表現がみえるし、七世紀中葉と推定される百済宮南池跡出土木簡のなかにも「帰人」と記されたものがある。これら東アジア諸国と同様に華夷思想を醸成させていた倭国も、「帰化」を知らなかったはずはなかろう。

けれども、化内への定着を前提に聖王の一元的支配体制に編入されるべき「帰化人」の存在を、七世紀後半よりも大きく遡らせて倭国にもあったと想定することはやはり無理ではなかろうか。『書紀』は「帰化」「化来」を「オノヅカラニマウク」などとよませていて、彼らは自らの意志で渡来した人々だとしている。実際、倭国の時代も、自らの意志で渡来し、それを受け入れた倭王権が、彼らをその政治組織に組み入れることはあったであろう。したがってこうした人々については、倭国の時代に遡って「帰化人」と称してよいと考える研究者もある。しかし、その場合でも倭国における受け入れられ方は、中華的意味での「帰化」とは異なる場合が少なくない。

例えば、『書紀』が伝える「帰化人」には、しばらくの間倭王権のもとにあって、後に本国、故郷に帰った者がいる。『書紀』の「帰化人」には必ずしも倭王権への恒久的な帰属・同化が求められていないのである。また、『書紀』推古二〇年（六一二）是歳条にも、百済より「化来《おのづからにまうく》る者」の受け入れを、身体の異形《いぎょう》を理由に倭王権が拒否しようとしたことが伝えられている。ところが、「化来者」自身が特別な技芸を持っていると訴えたことにより、倭国はその決定を覆すことにした。ここで「オノヅカラニマウク」人が受け入れられたのは、中華的論理によるものではなく、彼の持つ技能のゆえである。

要するに『書紀』は律令期の知識をもってしても、そこに描かれた「オノヅカラニマウク」人々の倭国における受容の様態が、中華的な「帰化」とは大きく異なることを隠せなかった。中華帝国は、帝国に自らすすんで集う人々の主体性と、それを儒教的精神のもとに受け入れようとする聖王の主体性をセットにして、その関係性で政治的領域としての「帰化」を演出する。しかし、倭王権は主体的に渡来する人々に対し、必ずしも王の一元的支配体制のなかに取り込むことをせず、他王権への帰属すら許し、儒教的・中華的論理でも対応していない。しかも現在までのところ、木簡《もつかん》や金石文《きんせきぶん》などの史料で「帰化」を遡らせる確実な根拠も見あたらない。倭国が自主的に渡来する者を王権に取り込んだというだけで、彼らを「帰化人」とみなしてよいということにはならないのである。

大宝令と養老令

八世紀以降に成立した古代史料が「帰化」「投化」と伝える渡来者に対し、実際は倭国と日本律令国家でその受け入れ姿勢に異なりがあったことは、七〇一年制定の大宝令と七五七年施行の養老令の相違からも窺うことができよう。すなわち、九世紀に編纂された『令集解《りようのしゆうげ》』の戸令《こりよう》没落外蕃《もつらくげばん》条を参照すると、大宝令の同条には「帰化」来着の場合、唐令《とうれい》に無い「若《も》し才伎《てひと》有らば、奏聞《そうもん》して勅《ちよく》を聴け」という一文が敢えて付加されていた。しかし、これは次の養老令で削除されてしまう。中華帝国において「帰化人」の受け入れの可否は、あくまで中華皇帝（天皇）の徳にかかわる問題である。「帰化人」の技術・技芸の有無が問題ではない。中華帝国を標榜する日本律令国家においてもその削除は当然のことであったろう。大宝令のこの一文は、すでに推古紀の百済から「投化」した技術者の受け入れにみたように、倭国の時代の渡来人受容の残存である。律令国家成立当初は、まだ中華的な意味とは異なる倭国の時代の渡来人の存在意義が無視できなかったらしい。

筆者は、「帰化人」の語が近代日本の民族差別意識に寄与したからといって、それを古代史から葬り去るべきとする主張には賛同しない。古代において一定の政治的意味を持って使われた「帰化」の語をこうした理由で封印することは、戦後の渡来人研究が当初から批判の対象としてきた、近代国家によって都合良く解釈され、また都合良く描かれた古代の「帰化人」の、単なる変形を容認することになると考えるからである。現代に恣意的に取り込まれた古代史の問題は、「帰化人」の古代的特質・本質を問うことによって、はじめて相対化しうると考える。

しかし、倭国の時代に王権に編成された自主的渡来者を『書紀』のいうまま「帰化人」と称してよいとする考えにも、以上に述べた理由から疑問を感じる。七世紀以前の同時代史料が乏しい現状にあって、倭国に「帰化」の語があると証明できないのと同様、存在しないと断ずるのも難しいともいえるが、今までの材料で「帰化人」を倭国の段階に遡らせるのは、やはり慎重であるべきだと思う。

「渡来人」とは何か

「帰化人」を古く遡らせようとすると、右のようにたちまち袋小路に迷い込む。まずここまでは、以上に述べてきたことから、倭国における渡来人の存在意義が律令国家におけるそれとは異なるということ、「帰化人」のイメージで倭国の渡来人は捉えられないことなどが、おぼろげながら見えてくれば十分である。ならば、すでに本書で何度も登場している「渡来人」の語は、倭国の時代を捉えるのに適合的といえるか。

一般に、研究上使用されている「渡来人」の語は、「帰化人」の語が持つ政治性・思想性などからはフリーの領域にあって、列島への物理的・地理的移動の様態をより客観的に捉えたものとされている。ところが実際に渡来人についての説明をみてみると、列島への移動者としてよりも、移住者・定住者として紹介しているものの方が多い。教科書も移住者・定住者の意味で「渡来人」を使っている。したがって、移動を意味する「渡来」の語に、移住・定住を含みみるこうした現状を批判する研究者も少なくない。

移住・定住を示す字句を持たない「渡来」を、移住・定住で説明しようとするのは、「渡来人」を「帰化人」に代わる語として使おうとする意図によるものである。しかし、「帰化人」像の束縛から離れたより客観的な用語の必要性から、移動という事実に着目して用いられるようになった「渡来人」の語を、何の前置きもないまま再び移住・定住をともなう「帰化人」の様態で拘束するのは問題があろう。移動を意味する「渡来」の語に、定住を前提とする「帰化人」は包摂できないとする「渡来人」反対論は、筋が通っている。そうしたいのならば、「渡来人」よりも「移住民」「移民」などの語を用いた方がよい。「移民」とすれば国際的な学術用語としても通用する。しかし、本書では以下に述べる理由から、「渡来人」の語をその字句に立ち戻って、あえて移動民の意で用いることにした。

「渡来人」を移住者・定住者と説明するならば、実際の来航事例のうち、おそらく往来を前提とする外国使節や、送還される漂着者、あるいは交易を目的とする国際商人などがただちにそこから除かれる。しかし、古代における国際的な人の移動は、こうした区分で整理できるほど単純ではない。後に詳しく述べるが、七世紀以前には、技術・文化・知識を持って来航し、一定期間倭王権に仕え、その後帰国する者や、複数の王権と多重に関係を持ち、その居地を移動させる者があった。また、平安時代になると国際商人のなかに「帰化」「朝貢《ちょうこう》」を称して日本政府に安置と交易許可を求める例などもある。もちろん、これらの中には結果的に帰国せずに定着する者もあったから、移住・外交使節・漂流・商人・帰化なども、個別の事例をみれば複雑に絡み合っている。『書紀』に「帰化」と書かれる人々にも、移住者・定住者でなく滞在者・居留者が含まれている実情を考えると、移住・定住に限定した渡来人論は、実はごく限られた人々しか対象にしえない可能性すらある。文献史学的にも考古学的にも、私たちが移住者・定住者とみなしてきた渡来人の実際が、長期の滞在者である可能性は絶えず想定しておかねばならないのである。

そもそも、戸令没落外蕃条をめぐる大宝令から養老令への書き換えが示唆するように、倭国の渡来人受容は技術の受容と深く結び付いていた。身体そのものの受容よりも身体を介して伝えられる文化の受容が重視されたのである。身体の定着にこだわる渡来人論は、化外から化内への身体の移動を一方通行的にしか認めない律令国家の「帰化人」の問題である。渡来人像はいまだ律令国家の「帰化人」像に縛られている。

本書では、こうした従来型の渡来人のイメージから一旦離れ、渡来の契機の個別性と列島における渡来人受容の個別性、あるいは時間的経緯とともに変化する渡来者やその子孫の社会関係の個別性が、いずれも人の移動という共通の史的条件下に成り立つことにあらためて着目したいと思う。その歴史性を問う方が、渡来人研究がかつてから目的としてきた「倭」や「日本」の境界領域の歴史性を問うことにおいて適合的だと考えるからである。渡来人を移住者としてではなく、その字句に立ち戻って移動者とすることは、研究上においても積極的な意味を持ちうると考える。渡来人が移住・定着することはあっても、渡来人＝移住者とか、渡来人は渡来系氏族を包摂する上位概念としないというのが本書の立場である。

様々な渡来のかたち

「渡来人」「帰化人」の使用が研究者の間でも一定しないため、ここで用いる「渡来人」の概念を少し詳しく説明することになってしまった。次はいよいよ、以上の理由から渡来人を移動者と広く捉えた上で、古代史料が描く「倭」「日本」への渡来の契機の主なものを以下に整理しておくことにしよう。

①自らの意志で渡来（「帰化」「来帰」「化来」「投化」）
②漂流による渡来（「漂蕩」「漂泊」「漂着」「流来」）
③外交使節として渡来（「蕃客」「来朝」「朝貢」）
④人質として渡来（「質」）
⑤贈与による渡来（「貢」「与」「献」「上送」）
⑥略奪による渡来（「俘人」「捕」「虜掠」）
⑦交易者として渡来（「商人」「商客」「商賈之輩」）

ただし先にも触れたが、史料にみえる渡来の個々の事例のそれぞれを①〜⑦に整理・分類するのは容易ではない。国際商人が日本政府に「帰化」「朝貢」を訴えたように、史料にみえる渡来は、その一事例を取り上げると、実際は①〜⑦が複雑に絡み合っている。

また、①〜⑦は時間的経緯とともにその具体的な中身を変えていくことにも留意したい。①の様態で渡来する人々を、八世紀編纂の史料にしたがい、倭国の時代にまで遡らせて「帰化人」とすることが難しいことはすでに述べた。それだけでなく、律令国家成立以後でも、九世紀以降の「帰化」は、八世紀とその性格・内実を変えている（田中史生・一九九七年)。③も実際の国内外の情勢変化に対応し、その担い手やあり方が変化していく。

さらに注意すべきは、①~⑦すべてが古代を通じてあったわけではないということである。④⑤⑥は八世紀にはほぼ姿を消し、律令法も①③の渡来に対応した条文しか設けなかった。ところが八世紀半ば以後、⑦が渡来するようになり、九世紀にはそれが頻繁となって、①と③への対応を基本とした律令国家の渡来人政策を大きく揺さぶることになる。

以上のように概観するならば、まず本書で取り上げるべきは、④⑤⑥の渡来人ということになるだろう。なぜならば、これらは八世紀にほとんど継承されなかったから、七世紀以前の特徴として、すなわち倭国の時代の渡来人の特徴を示すものとして分析できるからである。そこでまず以下では、④⑤⑥の渡来人の具体像をみていくことにしよう。

王の外交と「質」

「質」と渡来人

『書紀』によると、朝鮮諸王権から倭国へ「質《むかはり》」と記される人々が何度か来航している。「質」はいわゆる人質のことで、王族がその任を負わされることも度々であった。ただし、これは屈辱的な屈服を強いる手段として機能する、捕虜《ほりょ》のようなものではない。むしろ外交官のようなイメージで捉えた方が「質」の実像に近い。その役割は王の身代わりとして相手国との修好を保証するとともに、政治的・軍事的な協力を働きかけることにあった。したがって、先に示した④の「人質として渡来」した人々は、実は③の「外交使節として渡来」した人々でもあったのである。

さて、彼ら「質」の倭国での活発な外交活動には、贈与が一つの大きな武器となっていた。例えば、百済から倭へ派遣される「質」は先進文物や五経博士《ごきようはかせ》などの専門知識集団もともない、その代償として軍事援助や修好を求める外交目的を持っていた（羅幸柱「古代朝・日関係における『質』の意味」『史観』一三四、一九九六年）。六世紀に百済から度々贈られた五経博士は、倭に様々な技能・文化をもたらすが、これが百済による加耶《かや》地域への進出を倭に認めさせることの見返りとされたり（『書紀』継体七年六月条・同一〇年九月条）、倭の軍事的援助を前提としたものと記されるように（『書紀』欽明一四年六月条・同一五年二月条）、倭王権も何らかの返礼を百済側に示すことが期待されていたのである。贈与に対し返礼が期待され、あるいは返礼義務が生じる場合、文化人類学などではこうした関係概念を互酬性《ごしゆうせい》と呼んでいるが、まさに五経博士などの渡来人は百済と倭の互酬関係の産物といえるものである。しかも、彼らは交替で次々と新知識をもたらしたように、重視されたのは彼らの身体ではなく、身体を介して伝えられる技能・文化であった。新羅の「質」もやはり珍宝や「才伎《てひと》」と呼ばれる専門知識集団をともなっており（『書紀』大化三年是歳条、同五年是歳条、斉明元年是歳条）、百済からの「質」と同様の性格が窺われる。要するに、③の「外交使節として渡来」とも重なる④の「人質として渡来」は、⑤の「贈与による渡来」とも深く結び付いていたのである。

実は中国でも紀元前の春秋期に、盟約にともなう国際儀礼の一環として、支配氏族の中枢的地位を占める人物を「質」とし、贈与のための技能者たちを「賂」として、ともに相手国に送ることがあった（小倉芳彦『中国古代政治思想研究』青木書店、一九七〇年）。朝鮮諸王権が倭国に送った「質」と技能者も、これとほぼ同じ性格のものといえそうである（仁藤敦史「文献よりみた古代の日朝関係」『国立歴史民俗博物館研究報告』一一〇、二〇〇四年）。

本国の王の交替と「質」

こうして、彼らは一般の外交使節と異なり長期の滞在を余儀なくされたが、その帰国のチャンスは、多くの場合、派遣を命じた自国の王が死去すると訪れている。以下、百済・新羅からの「質」の事例を少しみておくこととしよう。

まず百済では、『書紀』応神八年条や『三国史記《さんごくしき》』百済本紀阿莘《あしん》王六年（三九七）五月条によると、倭へ送られた「質」として名を残す王子直支《とき》（腆支）が、四〇五年に彼を派遣した王が亡くなると、すぐ帰国して自らが王位に就く（『三国史記』百済本紀腆支王条）。四六一年に百済の蓋鹵《こうろ》王の命で倭国と「兄王の好《よしみ》を修《おさ》める」目的で来倭した弟の軍君《こにきし》（昆支君）も、四七五年の高句麗との戦闘による兄蓋鹵王の死亡、四七七年の文周《もんす》王の即位と

501 武寧王 523 聖王 554 威徳王 598	600 武王 641 義慈王 660
504－505	
505－？	
547－548	
554－？	
555－556	
	？－？
	？－643
	643――661
武烈 6　7 継体 安閑 宣化 欽明 8　9　15　16　17	皇極 2　孝徳　斉明 7

の意味」(『史観』134，1996年）に従った。

表1　百済の「質」※1

質＼百済王	392 阿莘王 405 腆支王	455 蓋鹵王 475 477 文周王
直　支	397 ── 405	
軍　君		461 ── - - - - ?
麻　那		
斯　我		
宣文・寄麻		
三貴・物部烏		
恵		
武　子		
長　福		
豊　璋		
『書紀』該当年	応神 8	雄略 5　興※2 1

※1　「質」となった人物・年次などは羅幸柱「古代朝・日関係における『質』

※2　『宋書』倭国伝による推定。

表2　新羅の「質」

質＼新羅王	402 実聖尼師今 417 訥祇麻立干	647 真徳王 654 武烈王
未斯欣	402 ―――― 418	
金春秋		647 ――
金多遂		649 ――
弥武		655 ― 死
『書紀』該当年		大化3　5　斉明元

いう経緯のなかでやはり帰国を果たしたと推測されている（山尾幸久・一九八九年）。彼らはいずれも、本国の王の死去が契機となって帰国することになったようである。

ところで『書紀』の伝承によれば、百済の軍君は、倭王の臣石川楯《いしかわのたて》と密通して雄略《ゆうりゃく》天皇に殺された百済の池津媛《いけつひめ》の代わりとして来倭したことになっている。すなわち、雄略紀二年七月条は百済の池津媛が雄略天皇が召そうとするのにそむいて石川楯と密通したので、天皇が二人を焼き殺したとし、同五年四月条は、この事件を聞いた蓋鹵王が「今より以後、女を貢《たてまつ》るべからず」といい、かわりに弟の軍君を派遣してきたとする。ここで注目されるのは、雄略紀二年七月条が池津媛の来倭に関し引用した『百済新撰《くだらしんせん》』の記事である。そこには、「己巳年に蓋鹵王立つ。天皇、阿礼奴跪《あれなこ》を遣わして、来たりて女郎《えはしと》を索《こ》はしむ。百済、慕尼夫人《むにはしかし》の女を荘飾《かざ》らしめて適稽女郎《ちゃくけいえはしと》と曰ふ。天皇に貢進《たてまつ》るといふ」とあって、百済王即位時に倭王が女郎の渡来を要請したことになっている。己巳年は蓋鹵王代に存在せず、これを四二九年とみて、実際は毗有《びゆう》王の即位のことを指すとみるのがよいと思うが（坂本義種『百済史の研究』塙書房、一九七八年）、とにかく軍君の前に百済から倭へ派遣された池津媛（適稽女郎）も、やはり百済王の即位（交替）とかかわっていたらしい。なお、『百済新撰』とは『百済記《くだらき》』『百済本記《くだらほんき》』とともに『書紀』の主要な典拠になった百済三書の一つで、七世紀後半の百済滅亡後、日本（倭）に亡命してきた百済人が百済の古記録をもとに撰述したものとする見解が有力である。

次に新羅では、『三国史記』新羅本紀に、四〇二年に新羅王の即位とともに「倭国と好を通じる」目的で「質」となった未斯欣《みしきん》が（実聖尼師今元年三月条）、やはり新羅王の交替直後の四一八年に倭国から逃げ帰ってきたことを伝えている（訥祇麻立干二年条）。それだけではなく、四一二年に高句麗へ「質」として送られていた奈勿《なむる》王の子の卜好《ぼくこう》もこの時帰国したという。なお、『三国遺事《さんごくいじ》』はこの両者の帰国を訥祇《とき》王一〇年（四二五）のこととして伝えるが、「質」の来倭・帰国に、派遣国の王の交替が影響しているらしい当時の傾向を考えるならば、やはり『三国史記』の時期をとるのが妥当であろう。四二五年だと、倭・新羅・高句麗いずれも王の交替時期にはあたらない。

六世紀以降は「質」の来航・帰国年が不明だったり、王の交替前に帰国したりで、あまり明瞭ではないが、『書紀』大化五年（六四九）是歳条に新羅の「質」としてみえる金多遂《こんたすい》は、斉明元年是歳（六五五）条で弥武《みむ》とその立場を交替したらしく、この前年には新羅真徳《しんとく》王の死去を受けた武烈《ぶれつ》王の即位があった。王の交替が「質」の帰国を促す要因となる状況はやはりあったのだろう。皇極二年（六四三）に父義慈《ぎじ》王の命を受けて「質」として来航した百済国王子豊璋《ほうしょう》も、六六〇年に本国百済が滅亡し、義慈王が唐に連行されると、百済遺臣と倭軍の支えによって「百済王」として帰郷を果たした。

倭王の交替と「質」

一方、受け入れ側の倭王の交替が「質」に与える影響については、それを示す史料が少ない。百済王子豊璋が数代の大王のもとにあった唯一の例を一般化すれば、その影響はほとんどなかったようにもみえる。しかし、先の百済軍君の来倭が四六一年であったとするならば、『宋書《そうじょ》』は倭王済《せい》の宋への遣使の最後を四六〇年、次の興《こう》王の宋への遣使の最初を四六二年とするので、この年はまさに倭王交替の時期にあたることになる。軍君の渡来の実際は『書紀』のいうような池津媛の事件によるものではなく、むしろ倭王興の即位と関係していた可能性が高い。この観点から、

『書紀』が載せる都怒我阿羅斯等《つぬがあらしと》伝承にも注目してみたいと思う。

すなわち、『書紀』垂仁《すいにん》二年是歳条分注は、崇神《すじん》天皇の時代から五年間も滞倭する「任那《みまな》国」使者の帰国に関し、意富加羅《おおから》国王子阿羅斯等《あらしと》の渡来伝承を引く。その内容はおおよそ次のようなものである。

崇神天皇のもとに「帰化」する予定で渡来した阿羅斯等は、ヤマトへ向かう途中で道に迷ってしまい、その間に崇神が死去してしまったので結局崇神に仕えることはかなわなかった。そこで、次に即位した垂仁天皇に三年仕えた後、結局帰国を願い出て許された。この時、垂仁天皇は阿羅斯等の国に御間城天皇《みまきのすめらみこと》（＝崇神天皇）の名を授け、彼に赤織の絹を与えて帰国させた。帰国した阿羅斯等は絹を自国の「郡府」に納めたが、新羅人がこれを奪ったので、任那と新羅の二国は互いに憎み合うようになった。

「意富加羅国」や「任那」は朝鮮半島南部の加耶《かや》諸国の一つを指しているが、右の伝承は「任那」が崇神天皇の名にちなむものとするなど、個別の史実性を問えば、全く信頼するに足らない内容のものである。しかも、この早い段階で「帰化」が意識されたはずもなく、伝承は多分に後世に創られた物語の様相をみせる。ただし、ここで阿羅斯等の「帰化」行為が本来は崇神という人格に対して行われるべきもので、天皇（大王）が交替すれば帰国すべき存在として描かれた点は、幾分古い要素も残しているとみなければなるまい。なぜなら、先述のように律令法に従えば、「帰化人」は定着を前提に受け入れられるので、天皇の代替わりとともに帰国する阿羅期等のような人物を八世紀の『書紀』編者が「帰化人」として創り出すことは考え難いからである。

また、ここでの渡来伝承は、阿羅斯等が意富加羅国王子で、彼をめぐって倭・任那・新羅の王権間の話も展開するなど、多分に王権間交流の要素を含んだものとなっている。「帰化」の場合は本国王権との関係を断って渡来するのだから、王権間交流の要素が希薄で、その意味でも阿羅斯等に「帰化人」像は馴染まない。すなわち、この物語は「帰化」とは異なる何らかの古い渡来人伝承がベースとなっていると考えられるのである。そして実は、これを本来は「質」の伝承であったと捉えれば、大王に仕えた渡来人が他国の王子であること、王権間交流とかかわり帰国を果たしたこと、さらには『書紀』編者もこの伝承を五年というあまりに長い滞在期間を持つ「任那国」使者と結びつけて理解したことなどが、すべて矛盾なく並び立つ。加耶諸国が「質」による外交を展開していたことは、『三国史記』新羅本紀奈解尼師今《なげにしきん》一七年（二一二）三月条にもみえている。

要するに、「帰化」ではありえない阿羅斯等の渡来伝承には、むしろ「質」の姿を見出すべきなのである。これが大王交替とともに帰国すべき存在として描かれている以上、「質」は受け入れ側となる倭王の交替の影響までも受けたと考えるべきである。百済の「質」達率《たちそち》長福《ちょうふく》が豊璋と交替したのも皇極二年（六四三）と皇極即位後まもなくであった。これも単なる偶然ではなかろう。

王と王を結ぶ「質」

こうした双方の王の交替の影響を被る「質」の姿は、五世紀初頭前後の新羅と高句麗の間にも見出すことができる。すなわち『三国史記』によれば、高句麗広開土王が即位した直後の三九二年、新羅の実聖《じっせい》は「質」として高句麗へ向かい、九年間の滞在を耐えて、四〇一年七月に帰国を果たした。その翌年二月には実聖を派遣した新羅奈勿王が死去し、実聖自身が新羅王として即位するから、彼の帰国も、新羅王の死去・交替を予見しその後を睨んだ高句麗の、新羅王位への関与だったのであろう。要するに新羅の実聖は、高句麗王の交替と同時に高句麗の「質」となり、新羅王の交替を前提に本国に帰国したということになる。さらにその後、広開土王が死去した四一二年、今度は新羅王子の卜好が高句麗の「質」となった。その卜好の帰国が新羅王の交替時であったことは既述したとおりである。当該期の新羅が、双方の新王即位に際し改めて「質」を送る外交を展開していたことはほぼ間違いない（木村誠『古代朝鮮の国家と社会』吉川弘文館、二〇〇四年)。

以上、「質」は贈与という外交カードを持って修好使《しゅうこう》・請兵使《しょうへい》として活動していたこと、その帰国は多くが派遣した王の交替時期にあたっていること、また受け入れ側の王の交替の影響も受けたことを述べてきた。「質」の活動期間が派遣した自国の王の在位期間に規制されたということは、「質」がもともと王の身代わりと認識されていたこととともかかわり、「質」による外交が派遣を命じた王の人格と深く結びついていたことを示すものである。そして、「質」の活動がこれを受け入れた側の王の交替の影響も受けたらしいことは、それによる外交関係が、相手国の王との間で結ばれることを前提としていたことをも示している。すなわち、「質」を介した贈与・互酬の外交関係は、まずは王と王の関係として機能していたとみなしうるのである。

贈与外交と渡来人・渡来文化

贈与外交

「質」外交を介した贈与関係が、王と王の間で形成されていたことは、王権外交における王の位置を端的に示すものである。ただし、倭国時代の外交上の贈与関係は「質」を介してのみ結ばれたわけではない。「質」が登場しなくとも、王と王の間で交わされる贈与は一々史料をあげるまでもなく枚挙にいとまがない。この時代、王権外交は贈与外交を基本としたといっても過言ではないほどである。「質」は、むしろこうした贈与外交のありかたの一つのあらわれと評した方がよかろう。

そして、この王権外交では、実務レヴェル、あるいは外交政策の決定過程において、王のもとに集まる支配者たちもこれに様々に関与し、王をサポートしていた。彼らが王に代わって外交を遂行することで、王と王の関係にとどまらない、複線的・重層的な外交チャンネルも形成されていたのである（佐藤信「古代の『大臣外交』についての一考察」『境界の日本史』所収、山川出版社、一九九七年）。したがって、外交上の贈与・互酬の関係もまた、王だけでなく臣にまで及ぶことが度々であった。

他王権から倭の臣への贈与が倭王権の外交政策を左右した例として、まず最初に思い浮かぶのは、『書紀』継体六年（五一二）一二月条に記された百済による「任那四県《みまなのよつのこほり》」支配をめぐる記事であろう。『書紀』はこの時、百済の「任那四県」支配を認めるよう倭王に働き掛けた大連《おおむらじ》の大伴金村《おおとものかなむら》と哆唎国守《たりのくにのみこともち》穂積押山《ほつみのおしやま》に、百済から「賂《まいない》」が渡されていたという流言のあったことを付記している。

これに類する記事は、早くは神功皇后摂政紀六二年条が引く『百済記《くだらき》』にみえている。それによれば、「壬午年《みづのえうまのとし》」、新羅を討つべき任務を負った沙至比跪《さちひこ》（葛城襲津彦《かつらぎのそつひこ》）が、逆に新羅から美女二人を受けて加羅国を討ってしまった。この他、継体紀二一年（五二七?）六月甲午条も、新羅に対抗した倭の進軍を、新羅から「貨賂《まいない》」を受けた「筑紫国《ちくしのくにの》造《みやつこ》」の磐井《いわい》が妨害したとする。また推古紀三一年（六二三）一一月条によれば、新羅への対応をめぐり王権を二分する議論が巻き起こる最中、新羅からの「幣物《まいない》」が大臣《おおおみ》蘇我馬《そがのうま》子《こ》に近い境部臣《さかいべのおみ》・阿曇連《あずみのむらじ》へ密かに渡されて、二人は新羅に有利な行動をとっていたという。これらがどれだけの国際関係上の個々の史実を反映したものかは後に検討することとして、とにかくここでは「マイナイ」とも呼ばれた互酬をともなう贈与物が、他王権から倭王権の外交を実質的に担う人物に個別に渡されたという話で共通することに留意したいのである。これらは、当時の贈与外交が、王だけでなく、その周辺で活躍する臣とも一定の人格的社会関係の樹立を目指す目的を持って行われていたことを示すからである。

右の問題と関連し、六六八年、倭の政権の中枢にあった中臣鎌足《なかとみのかまたり》が、新羅で同様の立場にある新羅上卿金庾信《こんゆしん》に対し船を贈与した事実は注目されよう。『書紀』天智七年（六六八）九月丁未条によると、この時鎌足は沙門法弁《ほうしほうべん》・秦筆《じんぴつ》を介し、来倭していた新羅使の金東厳《こんとうごん》へ庾信に贈る船一隻を託したという。

この鎌足の庾信への贈与のことは『藤氏家伝《とうしかでん》』上巻鎌足伝（以下『家伝』と記す）にも記事がある。それによれば、ある人がこの鎌足の行為を諫めたところ、鎌足は「普天《ふてん》の下、王土《おうど》に非《あら》ぬは莫《な》く、率土《そつど》の浜、王臣《おうしん》に非《あら》ぬは莫《な》し」と切り返したという。ここには、鎌足の庾信への贈与が倭の政界では謀反ととられかねないものであったことが示されている。彼のそれに対する弁解は、中国古典の表現を借りて大王を唯一の王と考えている旨を伝えるものだから、暗にそれが新羅に通ずる行為を意味したことは容易に推察される。このことから、鎌足の贈与が、新羅の臣として王権の中枢にある庾信との相互関係締結を期待するものであったことは間違いなかろう。あるいは鎌足の言葉が史実そのままでないとしても、こうした伝承が語られる以上、同様の意識や史的背景が古代社会にあったという事実は動かない。

「質」と臣

倭国の時代の王権外交が以上のようであったとすると、贈与を武器に渡来する「質」もまた、倭王だけでなく、その周辺にある臣とも関係を結ぼうとしていたことが予測されてよい。

実際、『書紀』皇極元年（六四二）四月条では、大臣の蘇我蝦夷《そがのえみし》が「質」として来倭したばかりの百済王子翹岐《ぎょうき》を畝傍《うねび》の自宅に喚んで、良馬《りょうば》・鉄鋌《てってい》を贈っている。翹岐＝豊璋《ほうしょう》の実際の渡来はその翌年であったようだが（西本昌弘「豊璋と翹岐―大化改新前後の倭国と百済―」『ヒストリア』一〇七、一九八五年）、大臣の蘇我蝦夷が「質」豊璋と個人的な関係を結んでいたことは事実であろう。この時の贈物の中身は、いずれも軍事的な連携を臭わせるものである。

この他、古くは『書紀』神功皇后摂政紀五年三月条に、倭王近くで外交に活躍した臣が

「質」外交にもかかわったことがみえている。すなわち同条によれば、新羅使として来倭した毛麻利叱智《もまりしち》らが、この時新羅の「質」として倭国にあった微叱許智《みしこち》を取り返そうと計略をめぐらして、微叱許智の一時帰国許可を神功皇太后からなんとか引き出した。さらに、皇太后の命により微叱許智送還の使者として新羅へ向かっていた葛城襲津彦《かつらぎのそつひこ》を欺き、対馬付近で微叱許智を逃がすことにも成功した。そのことを知って怒った襲津彦は、毛麻利叱智らを捕らえて焼き殺し、そのまま新羅に行って蹈鞴津《たたらのつ》に宿営し、草羅城《さわらのさし》を攻め落とし、俘人《とりこ》を連れ帰ったという。そして、その俘人が葛城地域の桑原・佐糜《さび》・高宮・忍海《おしぬみ》などの四邑《よつのむら》の漢人らの始祖になったと伝えている。

略奪された技術者

右の微叱許智とは、先述の、『三国史記』が四一八年に倭から新羅へ逃げ帰ったと伝える王子未斯欣《みしきん》のことである。計略を用いて微叱許智を奪還した毛麻利叱智も『三国史記』列伝に朴堤上《ぼくていじょう》として登場する。なお堤上については、そこに毛末《もま》の別名も注記されていて、こちらの方が『書紀』の毛麻利叱智に近い。列伝によれば、朴堤上（毛末）は歃良《そうりょう》州の官人で、計略を用いて「質」の未斯欣の奪還に成功した。しかし、彼自身は倭に捕らえられて配流の後、薪で全身を焼かれて、さらに斬刑に処せられたという。同様の話は『三国遺事』にも掲載されていて、それらの顚末は

『書紀』に類似する。ただ、『三国史記』『三国遺事』にも潤色は多く、名前などはむしろ『書紀』の毛麻利叱智の方が原伝に近いとみられている（木村誠『古代朝鮮の国家と社会』吉川弘文館、二〇〇四年）。

また『書紀』で襲津彦が宿営したとされる蹈鞴（多多羅）津は、洛東江《ナクトンガン》河口東岸に位置する、今の釜山《プサン》の南の多大浦《タデポ》にあてるのが一般的である。そこを拠点に襲津彦が攻めた草羅（歃良）城は金海《キメ》や釜山の北、多大浦から洛東江を少し遡った現慶尚南道梁山《ヤンサン》にあたるとみられる（一〇三頁図5参照）。『三国史記』新羅本紀慈悲麻立干六年（四六三）二月条にも倭人が歃良城を侵したが破れずに退却したとする記事があり、新羅が加耶進出の重要ルートとした洛東江は、その河口部が五世紀代の新羅と倭の交戦地ともなっていた。『書紀』だけが伝える襲津彦の歃良城侵攻も、『三国史記』『三国遺事』がいうように麻利叱智が歃良に関係の深い人物であったとするならば、矛盾がない。ちなみに『三国史記』は、五世紀に倭人が度々新羅領内を脅《おびや》かし、人を略奪していった記事も載せている。

ところで近年、この伝承と関連するとみられる考古学的知見が、奈良県御所市の南郷遺《なんごうい》跡群《せきぐん》などの調査成果から得られるようになってきた。すなわち、葛城地域には五世紀前半代から高度な技術をもった渡来人が集住し、葛城の首長のもとで鍛冶やガラス、石製の玉などの複合的な生産を行っていたことが明らかとなったのである。彼らは葛城の首長宅に設けられた工房やその周辺で活動していたらしい。史料でも佐備（佐糜）・忍海の漢人らは鉄の鋳造に従っていたことが確認できる（平野邦雄『大化前代社会組織の研究』吉川弘文館、一九六九年）。彼ら技術者は、四一八年の「質」の事件に近い時期、実際に葛城地域に渡来していたのである。「質」をめぐる一つの史実が、倭では技術者としての系譜を持つ氏族の祖の渡来伝承として、新羅では身を挺して王子を奪還した忠臣の物語として、それぞれ語られていたとみてよかろう。

こうして、「質」の帰還をめぐり倭と新羅の間に対立があったことと、葛城地域へ技術者の渡来があったことは、いずれもほぼ五世紀前半の史実として認められることとなる。けれども、この両者が『書紀』のいうように直接関連した事柄であるかどうかは、それを検証できる材料がない。葛城襲津彦の物語は、葛城地域の首長層の活動を、襲津彦という一人の人物を介して伝承化したとする見解もあるから（加藤謙吉・二〇〇二年a）、この両者が伝承作成過程で意図的に結び付けられた可能性は否定できないのである。

しかし、『書紀』の四邑の漢人伝承を、強引に帰国した「質」の代償として略奪された渡来技術者の物語とみるならば、それは全体構成としても倭国の時代の「質」のありかたに適合的であるといえる。前述のように、倭国にとっての「質」外交の意味は、相手国へ見返りを渡すことを前提に、文化・技能者をその国から受け取ることにあった。したがって、「質」による互酬関係の盟約が相手国によって一方的に破棄された場合、倭国が技術者の略奪に走ることは論理的にはありうる。これを八世紀の論理を前提とした『書紀』編纂当時の潤色とみなすと、かえって話の筋がわからなくなってしまう。

以上のことから、『書紀』の四邑漢人伝承は、ストーリーをそのまま史実としなくとも、全体としては、五世紀前半の「質」外交の実像を色濃く反映したものとみなしてよいだろう。先に分類した⑥の「略奪による渡来」も、この物語では④の「人質として渡来」、⑤の「贈与による渡来」と関連するものとされている。そのなかにおいて、強引に帰還した「質」の代償を強く求めたのが葛城襲津彦であったとされたことは、注目されてよい。これは王と王の関係を前提に「質」を介して贈与される渡来系技術・文化の恩恵を、王権外交に参加した葛城の首長層も享受する立場にあったことを示すものとなるからである。

贈与される渡来人

こうした倭臣・「質」・渡来技術者の密接な関係は、朝鮮諸王権が物品の贈与だけでなく人の贈与、すなわち渡来人を通しても、倭王周辺の特定人物から外交上の見返りを引き出そうとしていたことを予見させるものである。

以下、その点をさらに探ってみよう。

六世紀の初め頃から、百済は中国南朝の梁《りょう》より儒教の古典を講ずる五経博士などを受容し、その成果を同盟を期待する倭国へも送っていた。これが日本史で五経博士の渡来とされるものである。ただし、百済は中国南朝に起源する文化を、倭国にだけ贈与していたわけではない。『書紀』欽明六年（五四五）九月条は百済王が呉《くれ》の財を「任那日本府」の臣や諸々の旱岐《かんき》（王）に贈ったと記す。『梁書《りょうしょ》』東夷伝百済条によれば、百済王が梁から経義や博士・工人などを譲り受けたのは、その四年前のことであった。すなわち、南朝から入手されたものは、百済の国際戦略と結び付き、加耶の王族や臣僚にまで贈与・分配されていたとみられ、そこにはこうした技能者も含まれていた可能性が高い。

ところで、新川登亀男は、百済から贈られる五経博士や僧には、中国南朝に由来する彼らとその技能を百済と倭が共通して支配層の「家」に分有することで、両国「家」の連帯を長期的に保障しようとする理念があったと指摘する。贈与対象に特定の支配層の「家」が想定されていたことは、例えば『書紀』敏達六年（五七七）一一月庚午朔条において、倭から百済に派遣された大別《おおわけのおおきみ》王に対し、百済王が経論とともに僧や工人を付し、これがそのまま難波の大別王の寺に安置されたことからも窺われる。彼らは大別王「家」に寄与するために百済から贈られたものだろう（新川登亀男・一九九四年）。

類似のことは高句麗からの渡来人にも認められる。すなわち、『書紀』推古三年（五九五）五月丁卯条で「帰化」が伝えられる高句麗僧慧慈《えじ》は、日本史では厩戸皇子《うまやどのみこ》（聖徳太子）の師として著名な渡来人である。しかし、ここでも慧慈を『書紀』のいうままに「帰化人」とみなすことはできない。彼の帰国が厩戸王存命中の推古二三年（六一五）一一月癸卯条に記されているからである。しかも、『書紀』推古二九年（六二一）二月是月条は、厩戸王の訃報に接した慧慈が、国は異なれども二人の心は一つだと宣言し、自らの死まで予言したという伝承を載せる。すなわち、慧慈はいわゆる「帰化人」ではなく、高句麗王権との関係を前提に、倭国に渡来・居留して、王権中枢にある厩戸王へ接近した人物とみなされる。倭の対隋外交には高句麗の戦略的意図にそった慧慈の影響が指摘されているように（李成市『古代東アジアの民族と国家』岩波書店、一九九八年）、慧慈には厩戸を介して倭王権の外交政策に影響を及ぼすことが、本国から期待されていたようだ。

法興寺と百済

ここで、渡来人、渡来文化、倭臣、外交の関連性をより具体的にイメージするために、大臣として倭王権の中枢にあった蘇我馬子と百済王権との関係を、蘇我氏の「氏寺」とも称される法興寺《ほうこうじ》（飛鳥寺）の建立をめぐる問題から探ってみることにしよう。

『扶桑略記《ふそうりやつき》』推古元年（五九三）正月条によると、蘇我馬子は法興寺の刹柱《せっちゅう》を立てる儀式の際に、百余人とともに百済服を着てそれにのぞみ、これをみた人々は皆喜んだという。『扶桑略記』がこの部分を記すときに参照した史料は、推古期に近い時期に編纂された寺伝・縁起類と推察され、この記事の信憑性は決して低くはない。しかし東アジアでは、他の王権の衣服を着用することは自国への謀反の証拠とされかねないほど、その王権との密接な関係をあらわすものとされていた。要するに、蘇我馬子はここでわざわざ自身の百済王権との関係の深さを明示したのである（田中史生・一九九七年）。

そして、実際、馬子発願による法興寺は百済と深い関係にあった。『元興寺伽藍縁起《がんごうじがらんえんぎ》并《ならびに》流記資財帳《るきしざいちょう》』（以下『元興寺縁起』と略す）が載せる「塔露盤《ろばん》銘」によると、法興寺造営に際しては、倭の援助要請を受けた百済の昌《しょう》王（威徳《いとく》王）が、戊申年（五八八）に僧や造寺関連技術者らを倭へ派遣している。このことは、渡来者に若干の異同はあるものの、『書紀』崇峻元年（五八八）是歳条や『元興寺縁起』本文でも確認できる。すなわち、馬子の法興寺造営は、百済王からの人・技能の贈与があってはじめて可能となったものであった。同じ頃、百済王は、馬子のもとにある善信尼《ぜんしんのあま》らが百済で戒を受けることも許可している

（『書紀』崇峻即位前紀六月甲子条・是月条、同崇峻元年是歳条）。法興寺での馬子の百済服着用は、まさに仏教を介した馬子と百済王との贈与関係を象徴する出来事だったといえる。

法興寺の機能

こうして創建された法興寺の果たすべき役割は、倭王権の支配者層にも広く向けられていた。法興寺は蘇我系の血をひく王子の育成にかかわる施設ともなっていたが（新川登亀男・一九九四年）、おそらく、法興寺の育成の場としての役割はそこにとどまらず、蘇我氏という氏族の利害をも越えたもっと広い範囲に開放されていたとみてよいだろう。

『家伝』には、僧旻《みん》が「群公子」を集めて「周易」を講じる「旻法師之堂」という教育施設がみえ、ライバル関係にある蘇我入鹿と中臣鎌足がここに同席する場面がある。渡来系の出自を持つ旻は推古一六年（六〇八）に隋へ留学し、舒明四年（六三二）に帰国した人物で、多くを学んで帰国した旻の「堂」には軽王《かる》（後の孝徳大王）、中大兄王なども出入りし、その場所は法興寺を中心に難波の阿曇寺《あずみ》、さらには宮殿などに及んだと推察される（新川登亀男・一九九四年）。そして、蘇我入鹿と中臣鎌足が同席した「旻法師之堂」は、以下に述べるようにその中でも法興寺に置かれたものであった可能性が高い。

鎌足の「乙巳《いっし》の変」に向けた準備のことが描かれる『書紀』皇極三年（六四四）正月朔

条には、法興寺の槻《つき》の樹の下で蹴鞠《けまり》をしていた中大兄のもとに鎌足が近づき、以後、互いに接近するようになったという印象的なドラマが描かれている。ところが、この類話は『三国史記』『三国遺事』にあって、実は説話性の強い造作された物語らしい（遠山美都男『大化改新』中公新書、一九九三年）。ただ、寺の槻の下という場面設定は新羅の所伝などにはみえない。この点において、この蹴鞠をめぐる二人の出会いが史実でなくとも、中大兄と鎌足の出会う場所として敢えて法興寺の槻の下が設定されたことは、法興寺周辺で彼らが出会う環境が当時あったことの反映とみなすべきである。田村圓澄は、法興寺西の槻林を、飛鳥衣縫《あすかのきぬい》氏から提供された聖地で、法興寺造営によって法興寺境内地となったものと推察する（『飛鳥・白鳳仏教史』上、吉川弘文館、一九九四年）。ならば、法興寺域は蘇我氏以外の支配者層に対しても広く開放されていたとすべきで、鎌足と入鹿が同席する「旻法師之堂」もまた、法興寺に置かれたと考えるのが最もふさわしい。

法興寺には他にも百済僧慧聡《えそう》や先の高句麗僧慧慈が住していた（『書紀』推古四年一一月条）。百済僧観勒《かんろく》ら高僧もあって、ここは事実上、仏教を主導する王権の中核的施設としての様相を呈していたのである（加藤謙吉「蘇我氏と飛鳥寺」『古代を考える　古代寺院』吉川弘文館、一九九九年）。最近では、法興寺と関連する奈良県明日香村の飛鳥池遺跡から

「観勒」と記した木簡も出土している。なお、暦・天文地理・遁甲方術の各書をもたらした観勒には、陽胡史《やごのふびと》氏の祖玉陳《たまふる》、大友村主高聰《こうそう》、山背臣日立《ひたて》ら書生がつき、その技能を学びとることが命じられていた（『書紀』推古一〇年一〇月条）。

これらのことから、法興寺は育成の場としては蘇我氏の子弟や蘇我系の王子に限らず、広く支配者層に開放された、いわば王権全体の子弟育成センターのような機能を果たしていたと推察される。すなわち、他王権からの贈与を含む法興寺のもとに集められた渡来文化の成果は、王権内の人々に再び贈与・分配・共有されることによって、蘇我氏の百済との関係を王権活動に転化させ、あるいは蘇我氏の王権内における地位を維持するもとともなっていたと考えられるのである。こうして、百済贈与の文化は人格から人格へと次々と分配され、重層的な社会関係をかたち作っていた。渡来人・渡来文化はまさにこうした社会関係のなかで移動し、それらをつなぐ「財」として機能していたのである。そうであるならば、百済服を着した馬子らを喜びをもって迎えたとする観覧者たちの一見奇妙な行動も、納得できるものとなる。馬子の百済ネットワークに、多くの支配者層が期待を寄せていたのである。

ところで、馬子が百済服をまとった五九三年といえば、後述するように五八九年の隋による南北統合以来、東アジアの緊張が高まっていた時期でもある。推古大王即位直後の馬子の「親百済」的行動は、外交上においても大きな意味を持っていたに違いない。法興寺の刹柱を立てる儀式にどういう人々が参加していたかの詳細は伝わらない。しかし、そこに多くの中央支配者層が含まれていたことは間違いなかろう。この儀式では、主催者の馬子を含め一〇〇人以上もの人々が百済服を着し、またそれを観る人々も悉くこれに歓喜したというのだから、百済側の贈与は、倭王権の外交方針に強い発言力を持つ蘇我氏とその周辺の人々に確実に大きな影響を及ぼしていたのである。

拡散する渡来系技術・文化

五世紀の渡来人

西暦	
239	卑弥呼，魏に遣使。「親魏倭王」の号を授かる。
313	高句麗，楽浪郡・帯方郡を滅ぼす。
316	西晋が滅ぶ。五胡十六国時代が始まる。
317	江南に東晋起こる。
369	百済，高句麗の進攻を迎撃。倭王に贈る七支刀をつくる。
371	百済，高句麗平壌城を攻め，高句麗王が戦死する。
372	高句麗，子弟教育のために太学を設置するという。
375	この頃，百済に「書記」がもたらされたという。
408	華北の動乱で高句麗に流住していた某氏鎮が死去。
414	高句麗長寿王，広開土王碑を建てる。
421	倭王讃，宋に遣使し，安東将軍倭国王に任じられる。
425	倭王讃，司馬曹達を宋に派遣する。
430	倭王讃、宋に遣使する。
438	倭王珍，宋に遣使し，安東将軍倭国王に任じられる。
442	葛城襲津彦，新羅から贈与を受けて大加耶を攻撃する。
443	倭王済，宋に遣使し，安東将軍倭国王に任じられる。
451	倭王済，宋から使持節都督倭新羅任那加羅秦韓慕韓六国諸軍事安東大将軍に任じられる。
460	倭王済，宋に遣使する。
462	倭王興，宋に遣使し，安東将軍倭国王に任じられる。
471	ヲワケ臣，稲荷山古墳の鉄剣を作る。
472	百済王余慶，北魏に上表文をおくる。
475	百済，高句麗に王都漢山城をおとされ，王の余慶も戦死。のち，熊津に遷都して再興を果たす。
477	倭王武，宋に遣使する。
478	倭王武，宋に上表文をおくり，使持節都督倭新羅任那加羅秦韓慕韓六国諸軍事安東大将軍倭国王に任じられる。百済，文周王が暗殺され，三斤王が立つ。
479	宋が滅び，南斉が成立。百済，三斤王が死去し，倭から帰国した末多王が即位（東城王）。

結び付く地域・王権・渡来人

以上のように、朝鮮諸王権の対倭戦略では、倭国支配者層への文物や技能者の贈与が極めて効果的な威力を発揮した。ここからも、倭国における渡来人受容の関心が、渡来人の身体そのものではなく、それを介して伝えられる技能・文化・文物に強く傾いていたことが知られよう。こうした倭国の渡来人受容の特徴は、考古学からもある程度裏付けることができそうである。

技術革新の時代

近年の考古学調査によって、近畿のヤマトを中心に分布する前方後円墳の登場は三世紀半ばに遡ることが確実視されるようになってきた。二三九年に魏《ぎ》から「親魏倭王《しんぎわおう》」の称号をもらった卑弥呼《ひみこ》の邪馬台国《やまたいこく》も近畿のヤマトに求める説が有力である。ただし当時でも、東アジアから供給された鉄などの物資流通では、依然北部九州が優位を保っていたらしい（村上恭通「鉄器生産・流通と社会変革」『古墳時代像を見なおす』青木書店、二〇〇〇年）。例えば、博多湾に面した福岡県西新町《にしじんまち》遺跡には、古墳時代前期に近畿系・山陰系・在地北部九州系の人々と渡来人とが混住した、国際交流港としての様相が窺われるという（武末純一「加耶と倭の交流—古墳時代前・中期の土器と集落—」『国立歴史民俗博物館報告』一一〇、二〇〇四年）。ここからは、鉄素材として扱われたらしい板状《ばんじょう》鉄斧《てつぷ》も出土した（『西新町遺跡』3、福岡県教育委員会、一九九四年）。倭王がヤマトに登場してもなお、しばらくは、渡来人と倭人が集まる列島の国際交流・交易拠点は北部九州を軸としたようだ。

ところが、四世紀末から五世紀になると、列島に生活痕跡を残す渡来人が近畿を中心に広がり、五世紀を中心に渡来系技術・文化の影響を強く受けた倭の「技術革新の時代」が到来する。渡来人らによって、鉄器生産技術が刷新され、須恵器《すえき》生産も開始された。

日韓ですすむ考古学の調査によって、五世紀初頭前後以後急増した渡来人の痕跡の多くは、それ以前から北部九州に渡来していた朝鮮半島南部の加耶《かや》と呼ばれる地域のものであることが、ほぼ確実視されるようになってきた（六二頁図2参照）。五世紀前半まで、それらは洛東江《ナクトンガン》下流域周辺の金海《キメ》・釜山《プサン》といった加耶南部地域のものが主流を占めている。同じ頃、金海・釜山でも倭系文物が多く分布するから、加耶南部地域と倭との間には、相互に渡来人が行き交う相互交流が活発化したことが推測される。

ただし、この時期倭で生活を開始した渡来人の多くには開発遺跡や生産遺跡との関連が想定されるのに、朝鮮半島での活動が推定される倭系の人々には、同様の側面が指摘されることがほとんどない。相互交流といっても、朝鮮半島から倭に渡来した人々と、倭から朝鮮半島に渡来した人々では、その移動先での活動内容が異なっていたのである。

そこで、技術・文化を持つ渡来人の受容をすすめた五世紀前半の列島の人々に目を転じるならば、それはごく限られた有力首長たちであったらしい。例えば、渡来人によって開《かい》窯《よう》されたとみられる初期の須恵器窯は、当初、王権と密接にかかわったと考えられる大首長や、朝鮮半島との対外交渉に直接関係した首長の拠点で認められる（植野浩三・一九九八年）。しかも、五世紀前半に列島各地に初期の須恵器生産をもたらした渡来工人の出身地は、加耶南部のなかでも一地域には限定できない多様性があるようだ（酒井清治『古代関東の須恵器と瓦』同成社、二〇〇二年）。有力首長たちは、各自様々に加耶南部と独自のネットワークを築きつつ、そこから最新技術を携える有能な人材を確保していたのである。

こうして有力首長のもとに呼び集められた渡来工人たちは、すでに葛城地域の渡来人でみたように、首長の居館に付属する工房やその周辺で生産活動に従事していた。葛城地域と同様の様相は、後に物部氏に成長する首長層があったとみられる奈良県天理市付近の遺跡でも指摘されている（和田萃「渡来人と日本文化」『岩波講座日本通史』3、岩波書店、一九九四年）。すなわち、五世紀初頭前後に列島各地で生活を始めた渡来人とは、有力首長の保護下にその家産《かさん》に組み込まれて活動を始めた人々であった。

渡来人増加の背景

近年、文献史学も、考古学が指摘する五世紀初頭前後からの変化と関連しそうな当該期の国際状況を、いくつか明らかにしている。なかでも、四世紀半ばに強まる高句麗南進の圧力と、それに連動した朝鮮半島全体の動きが、弥生期以来の列島と加耶南部地域との交流に大きな変化を与えたらしいことが注目されている。すなわち、高句麗の南進に抵抗しつつ成長を開始した百済が、加耶諸国と友好関係を築くと、倭もかつてから友好関係にあった加耶南部を介して百済と結び付き、高句麗と激しく対立するようになった。その一端は、四世紀末から五世紀初頭の朝鮮半島を舞台とした国際紛争への倭の関与というかたちで、高句麗広開土王碑文《こうかいどおうひぶん》にも記されている。東アジアの軍事的緊張の増大とともに、旧来からの倭と加耶南部との交流関係が、百済ともつながり高句麗と対立する国際政治上の同盟関係にまで進展したのである。これが、王権の所在する近畿を中心に、加耶系渡来人を列島へ呼び込む一つの条件になったと推察される。

上記の国際環境のなかで、倭王権が、軍事と密着した政治権力として、外交を主導する立場を強めたこともほぼ確実であろう。四二〇年代の倭王讃《さん》以後、五世紀の倭王は対中外交を推進しつつ、中国の制を模倣・継受して「軍事官」たる府官《ふかん》を置く。当該期の王権がすすめた甲冑《かっちゅう》の生産・供給などの考古学的徴証を、これと関連させて理解する見解もある（鈴木靖民・二〇〇二年）。小規模分散的であった河内の鍛冶工房が五世紀前葉以後再編されたという指摘も（花田勝広・二〇〇二年）、右の問題とかかわる可能性があるだろう。

ひるがえって、前代の卑弥呼の王権を捉えるならば、『魏志《ぎし》』倭人伝によるかぎり、それは交通・流通・交易の場を政治的に管理する役割を持ち立ち現れた権力体である。シャーマン的要素を除くと、倭人伝で判明する卑弥呼の政治の具体的中身は、「大倭《だいわ》」によって「国々」の間で発生する交易を管理し、北部九州沿岸の伊都国《いとこく》に置いた「一大率《いちだいすい》」によって諸国を検察し、他国との政治的交通、すなわち外交を管理したということぐらいである。考古学が注目する国際交流の拠点としての北部九州の姿も、伊都国にあった「一大率」と無関係ではなかったはずだ。

しかし、倭国内部の多元社会に国際交流を保証してきた王権の役割は、上述のように四

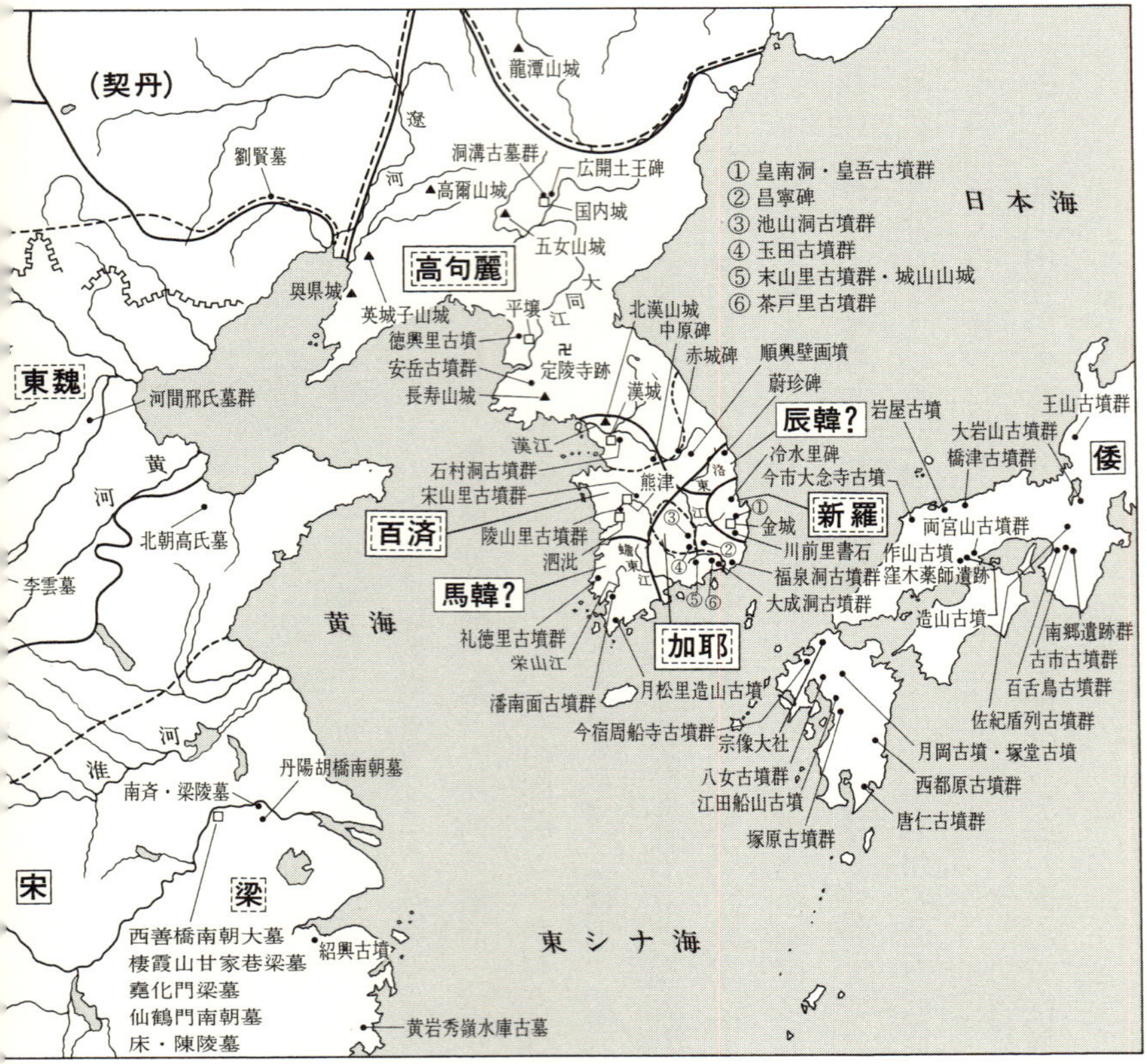

図2　5・6世紀の東アジア（鈴木靖民「倭国と東アジア」『日本の時代史』2より，一部改変）

世紀末以降、半島と接する北部九州などの列島の交流拠点を政治的に管理するだけでは果たし得なくなっていた。鉄などの供給先となっている朝鮮半島の情勢に、より直接的・軍事的な関与が求められたのである。この頃から、府官制や武器・武具の生産・供給など、技術的にも組織的にも、朝鮮半島へ軍事的な介入を行う体制が準備されたとみられる。その新たな体制の整備に、同盟関係にある加耶南部や百済から、渡来人贈与を含む援助のあったことは、倭国の府官制が百済との緊密な提携関係のなかで導入されたとみられることや（鈴木靖民・二〇〇二年）、前述の贈与外交のありかたなどからみて、ほぼ確実であろう。これが、技術・技能を持つ渡来人の居留が、列島のなかでも王権外交を支えた首長のある諸地域に広がり増える契機となったと考えられる。

地域の首長と渡来人

ところで、王権をとりまく緊迫した国際情勢にあって、軍事行動を含む王権外交の実務は、大王周辺に集う各有力首長層が担っていたことはすでに述べたとおりである。例えば葛城襲津彦《かつらぎのそつひこ》は、新羅の「質」をめぐる王権間の紛争を受け、加耶南部に駐留し、渡来工人を略奪し帰還したと伝えられる。大王の意を受けた首長らは、船に人や武器を積み込んで大海を渡っていた。そして、加耶などから先進的な技術・技能を持った工人を獲得し、自らの本拠地に招き入れる機会も得ていた。これと同様のことが、大王宮を抱えた近畿のみならず、それ以外の地でも起こっていたとみられる。

例えば九州では、近畿の影響が強いといわれる福岡県うきは市の月岡《つきのおか》古墳やそれにつづく塚堂《つかんどう》古墳から朝鮮半島製とみられる馬具が出土している。しかも、月岡古墳に近い時期の集落からは、祭祀用ミニチュア土製模造鏡、鉄斧、陶質土器もしくは初期須恵器などが出土し、五世紀前半という早い時期にもかかわらず、二十数基の竪穴住居の半数以上にカマドが取り付けられていた（西谷正「加耶地域と北部九州」『九州歴史資料館開館十周年記念　大宰府古文化論叢』上、吉川弘文館、一九八三年）。これらの事実は、倭王権につらなりその外交とも深いかかわりを持った生葉《いくは》の首長が、渡来人を保持していたことを示唆するものである。

また、『書紀』応神四一年二月是月条は、縫工女《きぬぬひめ》を求めて呉《くれ》に派遣された倭漢氏《やまとのあや》の祖阿《あ》知使主《ちのおみ》らが、その帰路筑紫《つくし》に至った際、当地の胸形大神《むなかたのおおかみ》の求めに応じて、工女《ぬひめ》のなかの兄媛《えひめ》を奉ったという物語を伝える。類話は雄略一四年正月条・同三月条にもあって、こちらは兄媛が大三輪神《おおみわのかみ》に奉られたことになっているが、これらはおそらく五世紀後半前後に、衣縫《きぬぬい》とその技術が宗像《むなかた》や大三輪の祭祀とかかわりはじめたことを反映したものであろう（新川登亀男「宗像と宇佐」『新版　古代の日本』3、角川書店、一九九一年）。王権外交とかかわり寄港地となった在地の神に、大王の使節から工女が進上されたとする宗像の伝承は、当地が王権外交とかかわり渡来工人を入手していたことを窺わせる。

実際、宗像がヤマトの王権との結び付きを強めながら、国際交流を進めていたことは考古学からも確認できる。九州本島と対馬の中間に浮かぶ沖ノ島では、海上交通とかかわる祭祀が宗像の勢力に支えられて行われたが、その開始時期にあたる四世紀後半の祭祀遺物は近畿の古墳出土遺物と同一内容を持つ。そして、宗像地域における前方後円墳の登場もこの頃のことであった。また、朝鮮半島に由来するとみられる五世紀代のオンドル状遺構をともなう住居跡も検出されている（『宗像市史』通史編第一巻、宗像市、一九九七年参照）。

オンドル状遺構とは一般に、竪穴住居内の壁側に設けたかまどから、煙道をすぐには屋外に出さず、それを壁面をはうように室内にのばし入れたものを指す。これで室内の暖をとっていたとみられることから、朝鮮半島のオンドルにちなんでオンドル状遺構と呼ばれ、考古学ではこれを渡来人の存在を示すものとして注目している。既述した四世紀後半以降の倭国をとりまく国際環境の変化のなかで、宗像もまた倭王権の外交に積極的に参与し、渡来人を呼び込むチャンスを得ていたらしい。

この他、考古学は、今の岡山を中心とする吉備《きび》で、五世紀前半代から急増する渡来人の様相を捉えている。そのなかには渡来工人の存在を窺わせるものも少なくないという（亀田修一「考古学から見た吉備の渡来人」『朝鮮社会の史的展開と東アジア』山川出版社、一九九七年）。一方、史料では、『書紀』雄略九年五月条が、雄略天皇の命で新羅に向かう紀小弓《きのおゆみの》宿禰《すくね》に同行し、その後帰国した吉備上道《きびのかみつみちのうね》采女大海《めおおしあま》が、吉備に「韓奴《からのやつこ》」を保持していたと伝えている。

また、大海をともない渡海した紀小弓宿禰の本拠地紀伊《きい》も、王権外交への関与が顕著な地域であった。木材資源の豊富な紀伊は、これで造船を行い、倭の水軍・対外交通の一翼を担っていた。史料によれば、ここには三間名干岐《みまなのかんき》（加耶の王の意）の姓を持つ渡来系氏族や（『日本霊異記』下巻三〇）、韓国《からのくに》からの渡来人を祖とする呉勝《くれのすぐり》（『播磨国風土記』揖保郡条）などもあった。それらを、周辺の遺跡・遺物と結び付けて、五世紀前半代の倭と加耶との交通関係のなかで理解する見解もある（李永植『加耶諸国と任那日本府』吉川弘文館、一九九三年）。

渡来系文物と首長

ただし、王権外交に集うことで渡来人を本拠地に呼び込んだ各地の首長層にとって、その活動は、単に朝鮮半島への軍事介入を睨《にら》む倭国の体制づくりに加担するだけのものではなかった。先に結論を述べるならば、各首長層は、本拠地に招き入れた渡来人・渡来文化・渡来文物をさらに自らの支配領域内やその周辺に分配・贈与し、地域共同体が彼に与えた首長としての権威を、維持・強化しようとはかっていたのである。

例えば、後述の陶邑産須恵器など一部を除いて、各地に出現した初期須恵器窯の製品の多くは窯周辺の限られた地域に分布している。しかも、当時の須恵器は、武器や農具として使われる実用性の高い鉄器と比べれば、首長墓の葬事と結びつく供献具《きようけんぐ》として検出される例が多い。ここで留意すべきは、首長墓の造営・葬事においては、生存中の首長が指揮をとり、あるいは次の首長が指揮をとって、その配下の人々を広く動員していた事実である。

その具体例は、古墳時代の末期のものではあるが、七世紀前半の蘇我《そが》氏の造墓活動が示してくれる。『書紀』の舒明即位前紀によれば、死去した蘇我氏のトップ馬子《うまこ》の墓の造営では、その子蝦夷《えみし》が中心となって蘇我氏の諸族が悉《ことごと》く集まり、それぞれが墓地に宿泊所まで設けていた。そのなかで、蘇我一族の境部摩理勢《さかいべのまりせ》は、新たに蘇我のトップに就いた蝦夷と対立し、墓地にあった自分の宿泊所を破壊し、その造墓活動への参加をボイコットした。こうしたことから摩理勢は族長蝦夷に反逆するものとして、蘇我の軍に滅ぼされることになる。その後、蝦夷は、自らが入るための墓を造営し、同時に、息子の入鹿《いるか》の墓も一緒に造ろうと試みる。ここには、首長位の父子継承が必ずしも保障されない当時において、首長墓造営における共同体成員の首長への奉仕活動をそのまま息子入鹿にも行わせることで、蝦夷が持つ首長としての社会関係を子の入鹿に相続させようとする蝦夷の狙いがあった（田中史生「七世紀の寺と『家』」『国史学』一六九、一九九九年）。すなわち、首長墓の造営・葬送儀礼は、首長を核とした共同体の社会関係を再確認する場となっていたと推断されるのである。この他、垂仁紀に出雲《いずも》の首長として登場する野見宿禰《のみのすくね》（土師弩美宿禰《はにしのみのすくね》）にも、彼が播磨《はりま》の地で病没すると、出雲の人々がやってきて、人衆をつらねて彼の遺体を運び、川の小石を積みあげて墓の山が造られたという伝承がある（『播磨国風土記』）。蘇我氏にみる首長墓造営の際の首長と共同体成員との関係は、古く遡るとしてよいだろう。首長墓が首長の権威の象徴たりうるのはこのためである。

したがって、五世紀に首長墓における葬事と結び付いた須恵器も、共同体を主導する首長の正当性・権威と結び付く象徴的な財と認識されていたとみて大過あるまい。残念ながら、それが首長のいかなる面を象徴したかを直接語る史料はないが、例えば、実用品でもあったろう須恵器の甕の場合は、液体保存にも使われていたはずだから、首長と水、あるいは首長と酒の関係から、この問題に迫ることが可能かもしれない。しかしここではそこまではふみこまず、とりあえず古墳における須恵器を使った祭祀が、加耶をはじめとする朝鮮半島諸墓制の影響を受けてのものであったことや、須恵器の五世紀代の意義をほとんど伝えてくれない『書紀』が、その生産者として渡来人伝承をいくつか載せる点に注目しておきたい。須恵器が朝鮮半島の影響から離れ、什器《じゅうき》として日常的に利用され、また畿内では葬事にすら登場しない時代に編纂された『書紀』は、おそらく五世紀代の須恵器の意義を見失っていた（藤原学「須恵器生産と鉄」『古墳時代の日本列島』青木書店、二〇〇三年）。それでもなお、これが渡来人のもたらした技術だということだけは伝えている。須恵器が渡来系技術だという記憶は、根強く残されていたのである。五世紀の初期須恵器窯は、確かに各地の首長が渡来人を呼び込み開窯し、その製品は色も硬度も形も、在来の土器とは全く異質であった。これらを総合的に判断するならば、首長墓の儀礼に使われた須恵器は、首長と朝鮮半島との人的・文化的結び付きを象徴する機能をも持ち得たとしてよいだろう。すでに考察した蘇我氏と法興寺のありかたを参照するならば、渡来人を招来し、朝鮮半島の墓制も意識した初期須恵器生産とその分配は、これらをもたらす首長の広大な交流・物流ネットワークと先進性を、首長の葬送儀礼の場で、人々に記憶させるものとなっていたに違いない。

また、軍事・生産に直結し、実用性の高い板状に圧延された鉄素材（鉄鋌《てってい》）さえも、実用に資されずに首長墓へ埋納されたり、ほぼそのままのかたちで首長の祭器に転化した例が確認されている。これら鉄鋌を首長が祭祀で用いるのは、人々に鉄をもたらす自らの実力を象徴的に示すためであろう。そしてこうした鉄素材も、王権外交への参加を契機に、各地首長層が朝鮮半島から直接入手する場合があったと考えられる。『書紀』神功四六年三月朔条は、加耶の卓淳《とくじゅん》国に遣わされていた斯麻宿禰《しまのすくね》が、百済国との交渉のために従者爾波移《にはや》を百済王のもとに派遣したところ、百済王が爾波移に鉄鋌四〇枚などを与えたと伝える。『書紀』継体一〇年（五一六）五月条も、倭が百済に派遣した物部連に対し、百済の群臣らが、斧鉄《おのかね》などを出して彼を慰問したという。これらはいずれも、百済三書の一つ『百済記』に依拠した記事と推定されていて、『書紀』の造作とすることができないものである。

以上のようにみるならば、首長は王権外交への参加を契機に入手した人・モノで、自らの身体を取り巻き、あるいは分配するなどして、経済的領域と結び付く先進文物を社会にもたらす自己の宗教的・政治的実力を人々に象徴的に示し、首長としての権威を誇示しようとしていたと推定される。

首長の対外的機能

そして、右の渡来人・渡来文化をもたらす首長の姿は、おそらく列島の古代社会が首長に与えた社会的機能・役割と深く関係していたとみられる。

そもそも古代において、共同体は一般に、荒ぶる神や得体の知れぬ人々（異人）の住む「外」の世界（異域）に囲まれた閉鎖的な境界領域を持つ。それら畏怖される「外」との交渉は首長を介して秩序化され、「内」に持ち込まれると観念されていた。首長は混沌とした「外」の世界と、秩序化された「内」の世界の境界に立ち、それらと直接交渉し、また対決する力を持つとされており、その「神話」が祭祀の場などを通じて絶えず共同体成員に語られていた。共同体成員は外部世界を、首長の語る、あるいは首長のもたらす秩序のなかで解釈・理解していたのである。その意味で、首長は共同体の秩序、領域の体現者でもあった（田中史生・二〇〇〇年）。おそらく、共同体成員にとっての「内」なるアイデンティティも、首長を介した言説によって獲得されていたと推測される。

そして、渡来人もまた、こうした諸共同体にとっては「異人」とみなされうる存在であった。『播磨国《はりまのくに》風土記《ふどき》』は当地に移住した渡来人を、「韓人等始めて来たりし時、鎌を用いることを識《し》らず」（飾磨郡伊和里条）といった未開性、「韓室《からむろの》首《おびと》宝《たから》等が上祖《とおつおや》、家大《いた》く富み饒《にぎわ》いて、韓室《からむろ》を造りき」（飾磨郡韓室里条）といった豊かな経済性、あるいは足を踏み入れることさえ困難な未開の地の開発を成し遂げる先進性をもって描く。渡来人が「異人」と認識されていたことは、随所に確認されるのである。しかも渡来神として著名な韓国《からくに》渡来の天日槍命《あめのひぼこのみこと》は、上陸の際、当地の国主たる葦原志挙乎命《あしはらのしこおのみこと》と土地をめぐって激しく争った。渡来神と対峙する葦原志挙乎命の姿は、これを祖とする当地の首長の姿と重ね捉えられていたはずである。首長が荒ぶる神や外来神と対決する「神話」を持つことも、渡来人・渡来文化と関係を持つことも、同じく共同体の「外」と対峙する首長の対外的機能に由来すると考えるべきである。

この首長の持つ対外的機能は、『魏志』倭人伝の倭王卑弥呼にも見出すことができる。彼女が「国々」の間で発生する交易を管理し、他国との政治的交通を独占できたのは、諸共同体を代表する首長の媒介者としての機能からである（石母田正『日本の古代国家』岩波書店、一九七一年）。ただし、卑弥呼の代表した倭国内部にも、小国の首長の代表した諸共同体のあったことを忘れるべきではない。『魏志』倭人伝は、倭国を構成する小国単位で人々の入れ墨に異なりがあり、それらはさらに身分によって差があったと伝えている。「倭人」がその身体に刻み込んだアイデンティティとは、倭国内の小国を単位とし、その首長を中心とする階層的な世界として表現されたものであった。

こうした多元的、あるいは入れ子状に構成された倭国の「内」と「外」は、五世紀にも継承されたであろう。五世紀の大王は地域の首長から外交・軍事権の委任を受けた王権の代表者にすぎず、政治的主体はあくまで各地の共同体を体現する地域首長にあったとする指摘がある（佐藤長門「倭王権の転成」『日本の時代史』2、吉川弘文館、二〇〇二年）。おそらく、列島諸地域の大多数の「倭人」にとって、倭国も倭王も倭王権も、自分たちの首長を介して間接的に知り、結び付く外部的存在であったに違いない。

例えば、『古事記』応神段が載せる応神天皇と和珥臣《わにのおみ》の祖丸邇之比布礼能意富美《わにのひふれのおおみ》の娘との婚姻をめぐる伝承は、それを窺わせる具体例である。すなわち、応神天皇は宇治の木幡《こはた》村を来訪した際、道衢《チマタ》で彼女を見かけて声をかけ、翌日、その父で当地の首長でもある丸邇之比布礼能意富美の家に立ち寄って、彼女との再会を果たした。チマタとは、道が交差・分岐する地点のことで、古代においては共同体の境界として認識された代表的な場の一つである。木幡村を訪れた応神はまずその村の境界たるチマタ付近に宿営し、その後当地の首長の家に移ったということであろう。応神天皇は五世紀の倭王に比される人物であるが、その物語が伝える倭王の動きは、倭王が木幡村にとって外部的な存在であること、そしてそれに対面するのは地域の首長であったということを前提としてはじめて成立するものである。

そうであるならば、各地の首長が倭王と関係を持ち王権外交に参加することも、これを契機に国際社会から独自にその成果を持ち帰ることも、いずれも首長の対外的機能と結び付いた行動であったことになる。そしてこれら首長層に擁されその上に立つ倭王も、倭国の外交を主導し、共同体の維持や首長の権威と結び付く財を国際社会から入手する機会を、各首長層に分配する対外的機能を持った大首長である。要するに、このなかを移動した渡来人・渡来文化は、首長と共同体成員の関係を介して立ち現れる「内」と「外」が、首長間の関係などを通してさらに重層化・多元化した倭の社会を、相互に結び付けるものであった。その姿は、先述の一国を越えて社会・人格を結び付けた贈与外交のなかの渡来人・渡来文化の姿とも一致する。

漢字文化を運ぶ人々

外交と文字

以上、列島各地の首長層が王権外交を利用し、渡来人・渡来文化を受容した五世紀の社会構造を、古代社会における首長の機能と関連づけてみてきた。当該期の倭王もその他の首長も、渡来人・渡来文化へのかかわり方が首長の対外的機能に規定される点では共通していたのである。ただし、受容される渡来人・渡来文化の中身をより具体的にみようとするならば、首長層を代表し倭国の外交を主導した倭王には、その立場に応じた特徴も指摘できる。このことは、特に文字技術の受容に顕著に現れる。すなわち文字技術・漢字文化は、地域の首長よりも、倭王、あるいは倭王権が積極的にその受容をすすめたが、それは、列島における初期の漢字文化の受容が外交と密接な関係

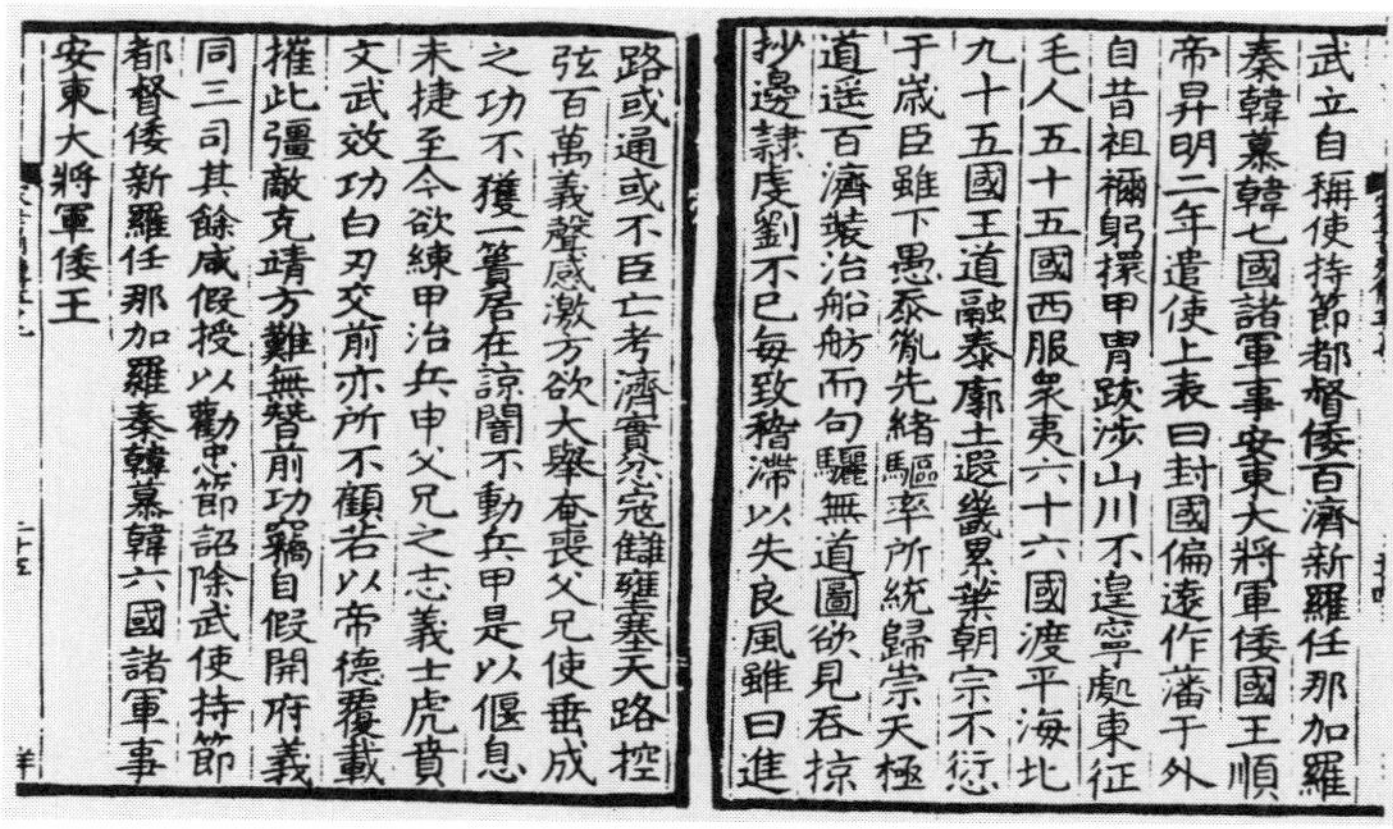
武立自稱使持節都督倭百濟新羅任那加羅秦韓慕韓七國諸軍事安東大將軍倭國王順帝昇明二年遣使上表曰封國偏遠作藩于外自昔祖禰躬擐甲冑跋涉山川不遑寧處東征毛人五十五國西服衆夷六十六國渡平海北九十五國王道融泰廓土遐畿累葉朝宗不愆于歳臣雖下愚忝胤先緒驅率所統歸崇天極道逕百濟裝治船舫而句驪無道圖欲見呑掠抄邊隸虔劉不已毎致稽滯以失良風雖曰進路或通或不臣亡考濟實忿寇讎壅塞天路控弦百萬義聲感激方欲大舉奄喪父兄使垂成之功不獲一簣居在諒闇不動兵甲是以偃息未捷至今欲練甲治兵申父兄之志義士虎賁文武效功白刃交前亦所不顧若以帝德覆載摧此彊敵克靖方難無替前功竊自假開府義同三司其餘咸假授以勸忠節詔除武使持節都督倭新羅任那加羅秦韓慕韓六國諸軍事安東大將軍倭王

図３　『宋書』倭国伝

をもっていたことと関係する。例えば、すでに三世紀前半の卑弥呼の時代には、倭国は魏《ぎ》との交渉において漢字使用の必要性に迫られ、ある程度漢字を使いこなす状況にあったとみられている（金子修一『隋唐の国際秩序と東アジア』名著刊行会、二〇〇一年）。四世紀の文字使用については不明な点も多いが、五世紀になると、いわゆる倭の五王が、中国宋《そう》王朝との交流で漢字を使用した。その代表例が四七八年に倭王武《ぶ》が宋皇帝に送った上表文《じょうひょうぶん》である。『宋書』倭国伝に収録され、駢儷《べんれい》文としても名高い武の上表文は、「封国は偏遠にして、藩を外に作《な》す」（中国に冊封《さくほう》されているわが国は遠い土地にあって、皇帝をまもる諸侯の国となる）とか「累葉朝宗して歳に愆《あやま》らず」（代々倭王は皇帝陛下のもとに朝貢し、その年次を違えることがなかった）、あるいは「天極に帰崇し」（世界の中心たる皇帝陛下のもとに身を寄せ崇め）などと書きつらね、宋王朝に冊封される倭王の立場が漢文によって見事に表現されている。その漢字を操る倭王権の文字技術の豊かさは、近年発見例の増えた漢字を記す古い考古遺物をいかに総動員したとしても、列島その他の勢力を圧倒している。倭国の文字技術は、王権外交の場で高度に発達したらしい。

一般に右のことは、東アジアの視点を持ち込んだ西嶋定生の説明によって構造的に理解されてきた。すなわち西嶋によれば、「漢字文化圏」として特徴付けられる「東アジア世界」は、国際政治上で圧倒的パワーを持った中国を中心とする政治的関係（冊封体制）によって歴史的に成立したという。冊封体制は中華《ちゅうか》思想・王化《おうか》思想によって正当化されるが、この政治関係では漢字が用いられるため、思想を含む漢字文化が冊封体制下の日本・朝鮮・ヴェトナムの諸域に伝播したというのである（西嶋定生『古代東アジア世界と日本』李成市編、岩波書店、二〇〇〇年）。これに従うならば、中国の漢字文化は、冊封体制を介して中国王朝と周辺諸国との外交関係のなかで受容され拡大したことになる。

しかし、例えば新羅《しらぎ》は、当初中国王朝と外交関係がなく、むしろ高句麗《こうくり》との政治関係に規定されて漢字文化を受容した可能性が高いと指摘されている（李成市『東アジア文化圏の形成』山川出版社、二〇〇〇年）。東アジアの漢字文化は、確かにまずは王権外交と深く結び付き深化したものではあったが、それを中国王朝と周辺諸国間の同心円的な政治関係、外交関係だけが規定したのではない。王権外交とかかわり成長したとみられる漢字文化の軌跡が、倭でも中国王朝との外交関係以外のところで見出されるならば、それは倭王権の渡来文化への接近の背景を考える上でも、極めて重要な示唆を与えてくれることになるだろう。

上表文を支えた知識

右の問題を考える手かがりは、武の上表文中にある。まず、あの高度な上表文が、どのような知識背景をもって書かれたかを確認することからはじめよう。

武の上表文が中国の史書、経書《けいしょ》の表現を多く用いていることは、すでに様々に指摘がある。そのなかでもここで特に注目したいのは、内田清の研究である。内田は、七世紀半ば成立の『晋書《しんじょ》』に、実に多くの武の上表文との類同語句のあることを発見した。そして、上表文が『晋書』の原史料となったいわば『原・晋書』なるものに依拠して記されたとの結論を導き出したのである。加えて内田は、四七二年の百済《くだら》王余慶《よけい》の北魏への上表文にも同傾向が認められるとし、その文中表現に武のものと類似した箇所もある点から、同時期の両国の上表文は、同一の百済官人によって起草されたとまで推測する（内田清「百済・倭の上表文の原典について」『東アジアの古代文化』八六、一九九六年）。

このうち、武の上表文と慶の上表文の起草者を、同一の百済官人に帰す点については、その根拠として提示された両上表文共通の類同語句について、用法上の異なりが指摘されるなど（佐伯有清「雄略天皇と万葉巻頭歌」『伝承の万葉集』〈高岡市万葉歴史館論集2〉笠間書院、一九九九年）、すぐさま同意することはできない。しかし、両者の上表文にはいずれも『晋書』に多くの類同語句が拾えるとの指摘は認めるべきであり、この点をどのように考えるかが、上表文成立の背景を考える上で重要なカギとなる。

そこで、内田の分析方法を参考としつつ、台湾の中央研究院がインターネット上で公開する「漢籍電子文献」（http://www.sinica.edu.tw/ftms-bin/ftmsw3/）を利用し、あらためて武や慶の上表文に使用された語句と類同の語句を持つ中国史書・経書の主なものを確認してみた。ここでは各書ごとのヒット総数をグラフ化して示したが（表3）、これをみれば両上表文ともその傾向が極めて類似していることに気づく。すなわち、武の上表文では、中国の史書・古典との類同語句が、その多い順に『晋書』『三国志《さんごくし》』『後漢書《ごかんじょ》』と続く。慶

表3　倭王武・百済王慶の上表文と類同語句を持つ中国史書・経書

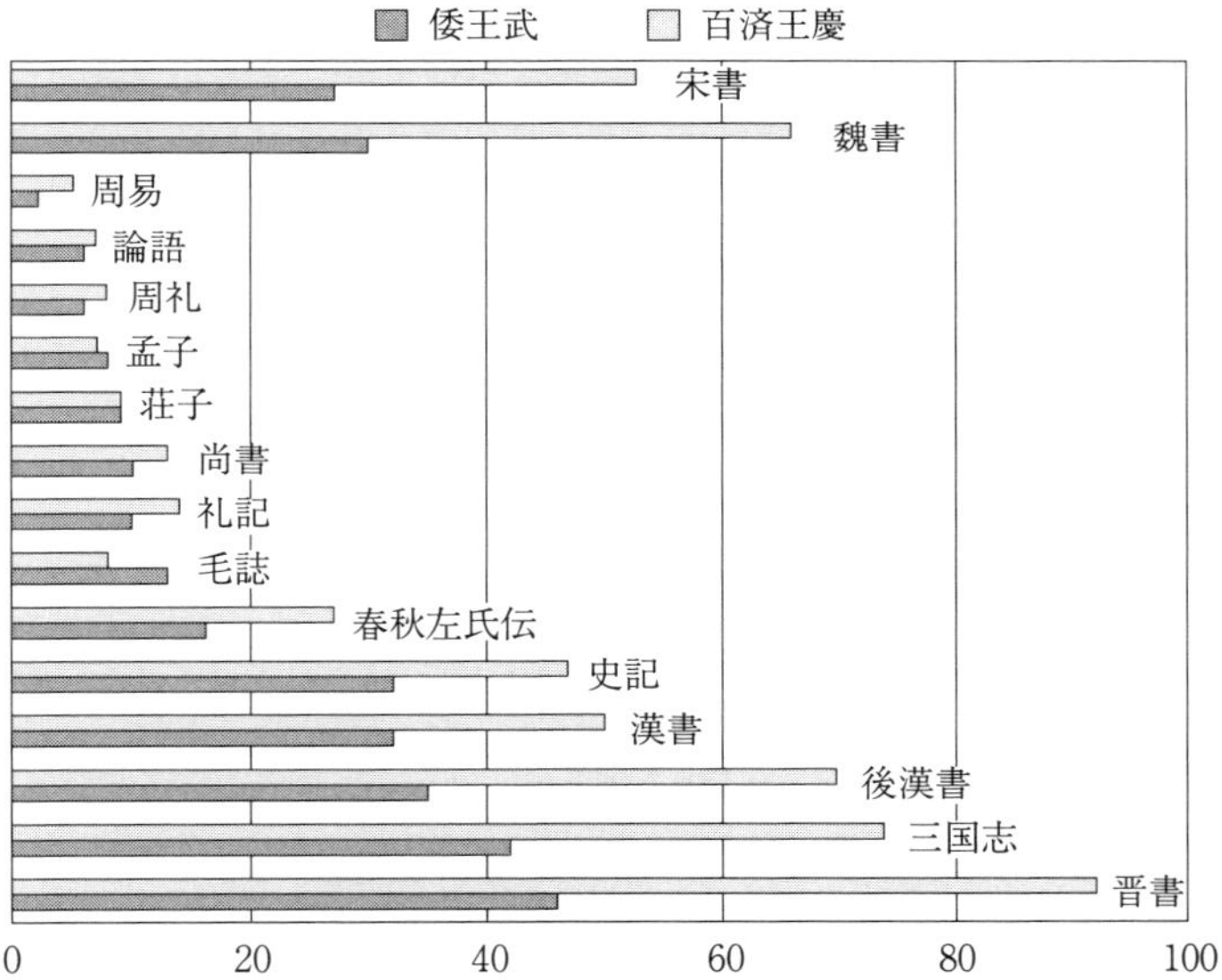

の上表文もこの順番が同じである。

しかも、両上表文の語句の典拠を『晋書』にのみ求められず、当時は存在しない『宋書』『魏《ぎ》書《しょ》』収載の語句表現もまでが駆使されていることが判明した（田中史生・二〇〇五年）。要するに、両上表文は確かに『晋書』の語句用例を多用するが、文章全体を『晋書』にのみ依拠して起草したわけではない。同時代の中国で使われはじめた比較的新しい語句表現すら取り入れているのである。

これらのことは、上表文を成り立たせた作文者の漢文知識が、両者ともにほぼ同種の漢字文化の上に築かれていたことを示している。両上表文はいずれも中国史書・経書の知識を広く持つ者が、同時代の中国で使われた新しい漢文表現も取り入れつつ、特に晋代の語句用例を意識・参照して起草したものだったのである。内田のいうように、両上表文における『晋書』の類同語句はいずれも上表文・上疏文など晋皇帝に対する文言のものが多い。史書・経書に関する幅広い知識を持つ起草者は、晋代の皇帝への上言に使用された語句を意図的に多く選択していたのである。唐初の『晋書』編纂では、四八八年に七四歳で死去した臧栄緒《ぞうえいしょ》撰する紀伝体《きでんたい》の『晋書』一一〇巻を基に、その他晋代の様々な史料も使われたらしいから（池田温『東アジアの文化交流史』吉川弘文館、二〇〇二年）、時代的にも、上表文起草者は臧栄緒撰の『晋書』、あるいはその他晋代の史料を参照できたはずである。

高句麗と『晋書』

さて、当該期はすでにみたように倭と百済が連携して高句麗と対抗した時期だから、右の両者の近似性も、一見こうした国際関係から読み解くことが可能なように思われる。ところが、六世紀初頭に高句麗が北魏へ派遣した使者悉弗《しつふつ》の言上を分析すると、そこでも武や慶の上表文にみられる文字使用と類似の傾向が見出された。

これは『魏書』高句麗伝が載せ、文字数にしても七四字程度の短文である。五世紀後葉前後の高句麗王の上表文はまとまったものが伝わらず、高句麗使の言葉を中国側が記録したものしか分析できなかったのだが、そこに漢文で記録された内容は、高句麗の国際戦略にそって、勿吉《もっきつ》・百済の非を主張し魏の協力を要請したものだから、本国で慎重に練られた文案にしたがい進言されたものではなかろうか。あるいは悉弗自身が漢語を操る能力を十分身に付けていたか、漢語を操る通訳を本国から連れてきたのかもしれない。とにかくそこでは一三の中国史書・経書との類同語句を確認したが、うち『晋書』が九例とやはり最も多い。短文にもかかわらず、「天極」「累葉」など武の上表文と同じ表現までが含まれることも注目される（表4）。

なお、『晋書』に並んで『魏書』にも多くの類同語句が認められたが、もちろん『魏書』は高句麗使の言上以後の成立である。このことは、北魏でよく使われていた漢文表現がリアルタイムで高句麗に伝わっていたことを示している。高句麗が北魏と密接な関係にあったこととかかわるものだろう。『晋書』『魏書』につづくのが『漢書』『後漢書』である。やはり、史書以外の古典を参照したとみられる箇所もあった（田中史生・二〇〇五年）。

高句麗が晋朝の漢文表現を強く意識していた徴証はこれにとどまらない。すなわち、五

表4　高句麗使悉弗の「進日」と類同の語句を持つ中国史書・経書※

	史	漢	後	魏	蜀	呉	晋	宋	魏	左	毛	荘	周	尚	呂	管
1 天極	○	○					○	○	○		△	○				
2 累葉	○	○	○	○			○	○	○							
3 純誠							○	○	○							
4 地産													○		○	
5 土毛			○						○							
6 無愆							○	○	○	○				○		
7 王貢		○	○	○			○									
8 所産	○	○	○	○				○								○
9 所逐	○	○	○	○					○							
10所并	○	○	○	○		○	○									○
11継絶之義							○		○						○	
12境内	○	○	○	○	○	○	○	○	○		○				○	○
13王府		○	○	○	○	○	○	○	○					○		

※史書・経書の略記は左から『史記』,『漢書』,『後漢書』,『三国志』各書,『晋書』,『宋書』,『魏書』,『春秋左氏伝』,『毛詩』,『荘子』,『周礼』,『尚書』,『呂氏春秋』,『管子』の順。表中○は出典に同一語句のある場合，△は出典に類似語句のある場合。

九八年、高句麗王の隋への上表文は、その主張とかかわる重要な部分で、『晋書』にみられる表現をまたも借用する（新川登亀男・一九九四年）。これも現存『晋書』の成立以前のことである。高句麗の漢字文化には、六世紀末にいたっても晋朝への意識が垣間見える。

以上のようにみるならば、冊封体制下で「東夷《とうい》」と呼ばれて競い合った倭・百済・高句麗三国が、中国との交渉において駆使した漢文は、いずれも漢文知識を広く備え、かつ晋代によく使われた語句用例を強く意識する人物たちによって起草されたことになる。なぜこのようなことが起こったのであろうか。

上表文作成者の系譜

それはおそらく、争乱を契機に華北・朝鮮半島北部から移動した中国系の人々の影響によるものとみてよいだろう。すなわち、非漢族を中心とした諸族は洛陽《らくよう》に首都を置く漢族政権の晋（西晋）を江南に追い、四世紀初頭から一世紀半の間、華北は五胡十六国《ごこじゅうろっこく》の分立興亡時代に突入する。この混乱のなか晋の治下にあって朝鮮半島支配を担った楽浪《らくろう》郡・帯方《たいほう》郡が三一三年頃滅亡し、漢人を多く含む中国系の人々は高句麗や百済に流入して、その政治・外交に関与した（李成市『古代東アジアの民族と国家』岩波書店、一九九八年）。この中国系の人々には晋朝回帰の志向が強いらしく、墓誌には晋の年号などを多用する（武田幸男『高句麗史と東アジア』岩波書店、一九八九年）。しかも、やはり中国の史書・経書を踏まえた語句を駆使する高句麗広開土王碑文が四一四年に建立される直前、華北の動乱で高句麗に流住し四〇八年頃死去した中国系の某氏鎮《ちん》も、その墓誌に中国史書・古典の影響を遺していた（川崎晃「高句麗好太王碑と中国古典」『古代国家の歴史と伝承』吉川弘文館、一九九二年）。さらに『三国史記』百済本紀によれば、三七五年頃、楽浪高氏の子孫とみられる博士の高興《こうこう》が百済に「書記」をもたらしたという。彼らが、「東夷」諸国に中国の史書・経書の知識を持ち込んでいたのは、ほぼ間違いない。この中国の史書・経書の知識が豊富で、かつ晋帝国回帰の志向を持つ中国系の人々の姿は、先の中国の史書・経書に精通し、かつ晋代の漢文表現を好む「東夷」諸国の外交文書起草者の姿と一致する。

ここで注目したいのは、右の中国系の人々が、百済において対倭外交にもかかわっていたらしいことである。「百済王世子奇」が三六九年に作らせ倭王に贈与したと判読できる七支刀《しちしとう》銘文は、両国の初期の交流を物語るものとして著名だが、百済が江南に追われた晋（東晋）へ入朝する三年も前に書かれたこの銘文には、すでに「泰和《たいわ》四年」と東晋年号が使われていた。これは晋志向を持つ中国系の人々の関与によるものであろう（鈴木靖民・二〇〇二年）。

したがって、ここに晋の文化的伝統を持つ中国系の人々、あるいはその影響下に育った朝鮮半島の人々が百済経由で倭へ渡来した可能性が疑われることになる。

王仁と阿直岐

そこで、当該期の倭国の状況を示すものとしてあらためて留意されるのが阿直岐《あちき》・王仁《わに》の渡来伝承である。『書紀』応神一五年条は、百済の使者として来倭した阿直岐が良馬を献上し、そのまま軽《かる》の坂上《さかのうえ》の厩《うまや》でそれを飼う任に就いて、王子菟道稚郎子《うじのわきいらつこ》に経典も教えたと伝える。さらに、阿直岐より優秀な博士の存在を聞かされた応神天皇は使者を百済に派遣し王仁も招聘した。王仁は、諸典籍に通じ、阿直岐と同様王子の師となり、後に書首《ふみのおびと》（西文氏《かわちのふみうじ》）らの祖となったという。なお同伝承を載せる『古事記』では、彼らがそれぞれ阿知吉師《あちきし》、和邇吉師《わにきし》とされ、和邇吉師（王仁）は『論語《ろんご》』『千字文《せんじもん》』をもたらしたと記す。

王仁や阿直岐はその実在さえ疑われる渡来人で、ここから五世紀代の史実を抽出できないと考えるのは一つの有力な見方である。そもそも『千字文』は六世紀につくられたもので、五世紀には存在しない。しかし一方で、百済渡来の王仁に関しては、百済や高句麗で中国系「王」姓者が活躍していることから、そうした実態の反映とみる理解がある。筆者も後者の見解を支持するが、この点をむしろ阿直岐の伝承から傍証しておきたいと思う。

さて、先に触れた百済王余慶の魏への上表文には、魏の援助が得られれば「子弟を遣わし外廐の牧宰とす」と述べる一文がある。これは、百済王族の子弟が優れた馬飼育技術を身につけていたことを前提としなければ理解できないものである。加えて考古学からは、朝鮮半島北部、華北の動乱を契機に、騎馬文化が半島から列島にかけて拡散したとする興味深い指摘がある（桃崎祐輔「日本列島における騎馬文化の受容と拡散」『渡来文化の受容と展開』第四六回埋蔵文化財研究集会実行委員会、一九九九年）。これを参照すれば、百済王族子弟らの持つ優れた馬飼育技術も、華北の争乱を契機に流住した人々の文化に起源するものであったことになる。五世紀の百済では朝鮮半島北部、華北をルーツとする馬飼育技術者が、実際に王子教育にかかわっていた可能性が高い。さらに近年、倭の五世紀後半の馬具について、加耶に加えて百済の影響も想定されている（千賀久「日本出土の『非新羅系』馬装具の系譜」『国立歴史民俗博物館研究報告』一一〇、二〇〇四年）。少なくとも五世紀後半ならば、彼らが実際に百済経由で来倭したことが想定できる。

右のことから、阿直岐の伝承をすべて後世の作り話として切り捨てるのは正しくない。五世紀の百済では華北の争乱で流入した人々やその子孫が王子教育に関与したとみられるから、それがさらに同盟国の倭へも渡来し、同様の役割を果たした可能性は高いとすべきであろう。

東アジアと漢字文化

以上のことから、華北の争乱を契機に移動を開始した中国系の人々やその子孫、あるいは彼らのもとで漢字文化を学んだ朝鮮系の人々が、朝鮮半島経由で倭へも渡来していたことは、ほぼ認められてよいと考える。ならば、外交文書において古典の知識の上に晋代の語句用例を多用する五世紀前後の「東夷」諸国の共通性は、彼らの身体を介して流れ出た文化を根源とするといえそうである。その意味でも、阿直岐や王仁が中国の経典に通じていたと伝えられることは軽視できない。『宋書』倭国伝が倭王讃《さん》の命を受けて四二五年に渡宋したと記す曹達《そうたつ》も、その姓字からみて中国系であろう。彼らは倭の五王の対中外交などで活躍し、武の上表文をも生み出していたのである。

要するに、流動化した国際社会のなかで成長を始めた「東夷」諸王権は、その外交活動を支える文字技術の導入・整備の出発点で、華北の争乱に巻き込まれて移動する中国系の人々やその子孫たちを次々と登用した。冊封体制下の外交関係とは別の移動・交流・関係が、東アジアの漢字文化に大きな影響を及ぼしたことになる。彼らによって運ばれ共有された文字を介し、そこにある意識・価値・世界観も広く共有されたであろう。

武の上表文の中身は、高句麗の不当性を訴え、宋王朝に対高句麗戦への支持を要請したものである。余慶の上表文も、高句麗との激烈な対立の歴史と現状を訴えて、北魏の支援を請うたものであった。この両者が時期的にも内容的にも近似するのは、高句麗南下に対する百済・倭の連携があったからである。一方、六世紀初頭の高句麗の使者は、勿吉や百済の不当を北魏に訴えて、その支援を期待した。ここでの漢文・漢語は、いずれも「東夷」諸国が相互に連携・競合する状況に中国王朝を巻き込むために駆使されている。

このように、文字技術は、競い合う国際社会の中で外交を有利に切り結ぶ「武器」とされていたから、それへの接近に王権が積極的となるのは当然のことであった。すでに述べたように、王権は国内的には外交を主導する役割を期待されていたからである。しかも、文字技術が国際政治を牽引《けんいん》する中国王朝を自国に引き付ける極めて有効な「武器」であるならば、冊封体制下の外交交渉・関係は中華皇帝と「諸蕃《しょばん》」国王との関係を基本としたから、それが各地首長層にではなく王権に集中するのはなおさらのことである。しかし、これを当該期の「東夷」諸王権の立場からみるならば、文字技術への接近も、単に中国と自国との関係が規定していたのではなく、中国を中心に据えた場合の、「東夷」諸国間の位置関係への関心が規定していたというべきである。「東夷」諸王権は、相互の競合・連携状況に、中国王朝の政治力とその世界観を利用するという共通の行動様式をとった。そして、それを支えた共通の思想・知恵・価値・技術の多くを、中国王朝との外交関係よりも、華北の争乱で流動化した人の流れが運んでいたのである。東アジアの諸地域それぞれの実情や交流の実態を反映して花開く多様な文字文化の基礎に、争乱のなか「民族」「国」を越えて移動・定着する人々、あるいはそれを取り込み自立的な成長を目論む諸王権の交流の連鎖があったことも、いわゆる「東アジア世界」の一つの実態なのである。

王権の渡来人編成

フミヒトの登場

『書紀』は雄略《ゆうりやく》天皇の時代、史部《ふみひと》の身狭村主青《むさのすぐりあお》、檜隈民使博徳《ひのくまのたみのつかいはかとこ》の二人の渡来人が何度か呉《くれ》国に派遣されたと伝える。雄略天皇といえば、あの倭王武《ぶ》にあたるとする説が最も有力視されている。また、一般に史部とは王権の文書実務を担当する職掌を持ち、特定の渡来系氏族で構成されていて、渡来系氏族のなかには姓《かばね》に「史」を含むものも多い。先の、五世紀の外交と文字と渡来系の密接な関係は、『書紀』にも反映されている。

ただし加藤謙吉によれば、「身狭村主」や「檜隈民使」の氏姓の成立は六世紀に入ってからである。王権の文書実務を担う渡来系の人々の氏族組織も、その成立は六世紀半ば以降に下る。したがって、五世紀後半の青や博徳の段階はまだ新参の渡来人のなかから文筆・記録に巧みなものが抜擢され、随時フミヒトの任に就かせる程度のものだったのではないかと推測されている（加藤謙吉・二〇〇二年b）。

しかし、著名な埼玉県稲荷山《いなりやま》古墳《こふん》出土《しゅつど》鉄剣銘《てつけんめい》の「杖刀人首」や熊本県江田船山古墳《えたふなやまこふん》出《しゅつ》土《ど》大刀銘《たちめい》の「典曹人」といった、「〇〇人」という表記で大王への仕奉の職務を表記するありかたが、五世紀の対宋《そう》外交によってもたらされ、これが「人制《ひとせい》」とよびうる全国的制度として展開したとする吉村武彦の指摘を重視するならば（「倭国と大和王権」『岩波講座日本通史』2、一九九三年）、青や博徳のように文筆・記録に秀でた渡来人が、随時フミヒトに抜擢されていったとしても、それ自体、制度的な編成を前提とする任用であったとしなければならない。

なお、本来中国の制度とされる「人制」が、どのようなルートで倭国に入ったかはまだ十分に解明されていない。六世紀の新羅《しらぎ》の金石文《きんせきぶん》にもそれがみられることは知られていて、近年発見された迎日冷水《ヨンイルネンス》新羅碑でも「典事人」というのが登場する。しかしこの碑は、新羅が梁《りょう》へ朝貢する五二一年より一八年も前の五〇三年に建立されたものである。それ以前の新羅の中国通交を探すなら、三八二年まで遡るから、新羅の「人制」を対中外交で説明するのは困難であろう。むしろ、高句麗《こうくり》あるいは百済《くだら》から入ったと考える方が自然で、高句麗広開土王《こうかいどおう》碑文にみえる「守墓人」などがそれにあたるかどうか気になるところではある。ならば、「人制」についても先の北東アジアの人の移動の問題との関連を疑ってみる必要があるように思うのだが、その徴証を今明示することができない。とにかく、ここでは吉村の指摘にしたがい、五世紀後半の倭国では中国に由来する「人制」が全国的な制度として確認できるとするにとどめる。

そして、フミヒトの青や博徳にみられるように、渡来人技術者もまたこの「人制」のなかで、王権に編成されていた。『書紀』が、雄略天皇の「唯愛寵《ただめぐ》みたまふ所は史部の身狭村主青・檜隈民使博徳等のみ」と伝えるように（雄略二年一〇月是月条）、彼らは大王宮に出入りし、大王に直接面会する立場にあった。青や博徳の本来の姓字は伝わらず、無姓者とみる向きもあるが、むしろ両人の中国風の名からは、先の中国的一字姓を持つ中国系渡来人と同様の系譜にある人物像が浮かび上がる。文字技術をもって雄略大王に近似し、王権外交で活躍した彼らの活動内容をみても、彼らが武の上表文作成にかかわった本人たちではないかとする従前からの憶測は、決して的外れなものではない。

しかも、この「フミヒト」が確認される時期の前後から、文字は外交にのみに使われるもの、あるいは大王や渡来人だけのものではなくなっていった。先の稲荷山古墳や江田船山古墳出土のものなど、倭《わ》で書かれたと考えられる文章を備えた文字資料が、列島内でも見られるようになるのである。近年、千葉県の稲荷台一号墳から五世紀半ば頃のものと思われる「王賜」銘鉄剣も確認された。

地域と文字

これらのうち、唯一、漢文の実際の作成者を明記する江田船山古墳出土の大刀については、「書者張安也《ちょうあん》」とあり、張安という中国的姓字を持つ渡来系の人物がこれを作文したらしい。川口勝康のいうように、江田船山古墳の銘文入り大刀がワカタケル大王の命を受けた「典曹人」のムリテによって作られたと解しうるなら（「刀剣の賜与とその銘文」『岩波講座日本通史』2、岩波書店、一九九三年）、ムリテのもとで文章作成を担当した張安も、王権のもとにあるフミヒトであった可能性が高い。王権の文官の意と解されている「典曹人」のムリテにとって、その職務遂行に文字技術者が必要なことはいうまでもないからである。「人制」のもとに編成された「典曹人」は、同じく「人制」のもとに編成されたフミヒトと連携し、与えられた任務を果たしていたのであろう。

しかし、銘文作成に王権編成の渡来系フミヒトが関与したとしても、ここでの文字使用

図4

【江田船山古墳出土大刀銘】

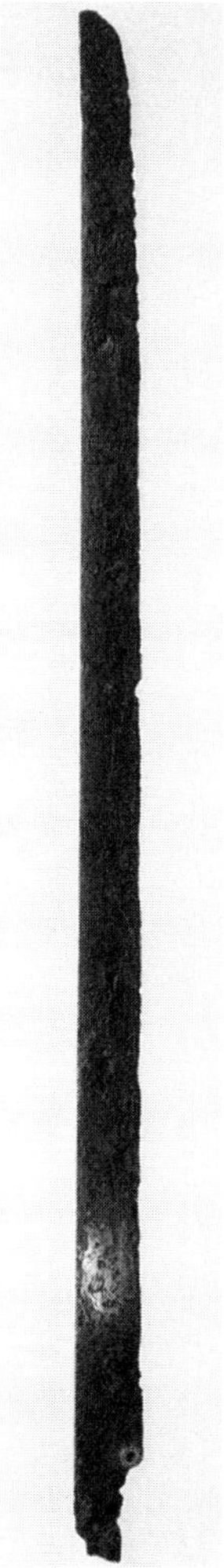

（東京国立博物館蔵）

□□《治天》下獲□□□鹵大王世　奉事典曹人名无利弖　八月中　用大□釜□并四尺廷刀　八十練□《六》十□《捃》　三寸上
好□《利》刀　服此刀者長□《寿》　子孫注々得三恩也　不失其所統　作刀者名伊太加　書者張安也

【稲荷山古墳出土鉄剣】

表　辛亥年七月中記　乎獲居臣上祖意富比垝　其児多加利足尼　其児名弖已加利獲居　其児名加披次獲居
其児名多沙鬼獲居　其児名半弖比

裏　其児名加差披余　其児名乎獲居臣　世々為杖刀人首奉事来至今　獲加多支鹵大王寺在斯鬼宮時　吾左治
天下　令作此百練利刀　記吾奉事根原也

【「王賜」銘鉄剣】

表　王賜□□敬□

裏　此廷□□□□

の意義は決して大王の周囲の問題にとどまらない。その出土地点が関東から九州にまでおよぶからである。この伝来の経緯に関する諸説は、王権の地方支配の評価ともからみ、容易に決しがたい議論となっている。ただし、これらの古墳への埋納時期は、いずれも五世紀末から六世紀前半の間に収める見解が有力で、銘文を無意味化させるほどの長期の伝世は想定されていない。したがって、少なくとも被葬者は何らかのかたちで銘文の示す世界に強い関心を持つ人物であったとすべきである。副葬品が被葬者像と結び付くとする考古学の前提に立つならば、副葬品にモノとしての意味を吹き込む銘文は、それを持つ被葬者にとってても意味のあるものでなければならない。「此の刀を服する者は、長寿にして子孫は注々と三恩を得る也。其の統《す》ぶる所を失わず」（江田船山）とか、「吾が奉事の根原を記す」（稲荷山）とあるのは、明らかにモノに存在意味を与え、あるいはモノの存在意義をそこに拘束している。

すなわち、刀剣とともに東国や九州の古墳に葬られた首長が、仮に漢文を読む能力を欠いていたとしても、自らが保持するモノに刻まれた銘文の意味は確実に理解し、自らの地位と関連づけていたであろう。五世紀後葉頃には文字・文章によって、情報や呪術性が示しうることを了解する首長が、地方にも登場していたとすべきなのである。

しかもこれらは、「天の下治らしめししワカタケル大王の世」(江田船山)、「ワカタケル大王の寺、シキの宮に在る時、吾《われ》天下を左治し」(稲荷山)、「王賜」(稲荷台)などと、すべて大王を起点とする記述で共通する。このことは、各地首長にとっての文字文化の受容が、大王を核とした政治世界のなかで広がっていたことを物語る。

これとかかわり、ヲワケ臣が自らの系譜とともに「今に至る」までの大王への「奉事の根原」を説き、「杖刀人首」としての正統性を主張してみせた稲荷山古墳鉄剣銘は、他者にみせるものとして文字化されたとみなければなるまい。「奉事の根原」はそもそもヲワケ自身の熟知するところであり、ヲワケに自覚されたそのアイデンティティを敢えて明示する先は、ヲワケ以外の者のはずだからである。すなわち、これは、彼を支える人々・共同体の前に掲げられて、彼の政治的立場、さらには彼を支える共同体そのものの正当性を確認するものに転化したと想像される。ワカタケル大王のもとでつくられた呪術的な文言を持つ江田船山古墳出土大刀銘も、この刀を持つ者は「其の統ぶる所を失わず」としていて、首長の政治的立場を強く後押しする。首長は文字で自らの王権との結び付きを示し、それを地域政治の場に利用していたのである。

文字文化の地域性

ところで、江田船山の大刀銘に「八月中」、稲荷山の鉄剣銘に「七月中」とある「中」字は、その用法がもともと秦・漢代の記録体に起源するものであるらしい。それが楽浪《らくろう》以下四郡の設置により朝鮮半島へもたらされ、楽浪郡滅亡後は高句麗に引き継がれて、ここで独自の発展を遂げつつ新羅などへも広がったとされている（藤本幸夫「『中』字攷」『論集日本語研究（二）歴史編』明治書院、一九八六年）。先の上表文にみた漢字文化の受容・拡大の道筋が、ここにも現れている。そもそも、江田船山の大刀銘文作成者でフミヒトとみられる張安は、その「張」姓が百済の対中外交における使者の姓としても度々登場する。この頃、百済で対中外交にあたった張姓者は、例の中国系の人々とみられるから、張安も同様の系譜上にある人物であろう。

しかし一方で、音韻学からは特に稲荷山鉄剣銘に関して、古韓音の文字用例が多用されているだけでなく、東国方言による人名表記までなされた可能性のあることが指摘されている（森博達「稲荷山鉄剣銘とアクセント」『ワカタケル大王とその時代』山川出版社、二〇〇三年）。華北の動乱を契機に「東夷」諸国に広く共有された漢字文化は、移動の先々で地域言語を取り込み機能する柔軟性、複合性もみせていた。

そして倭国では、フミヒトを介し編成されたその文字技術が地域社会に持ち込まれ、五世紀後半には大王を軸とする倭の政治世界を表象するものとして独自に機能し始めた。ワカタケル大王の登場する銘文には、中国王朝中心の中華的世界観とは別の倭王独自の「治天下」観までが刻まれている。渡来人を編成して漢字文化を取り込んだ倭王権は、それを使ってとうとう自己を中心とする世界観、政治思想を表現するにまで至った。

ただし、この倭王独自の「天下」観の醸成には、それを倭王権の成長の結果とみるだけでは済まされない、当該期の緊迫した国際関係も影響していたとみられる。この点については後にあらためて考えることとしたい。

さて、ここで再び考古学を参照するならば、王権編成の渡来系文化が五世紀後半に各地に影響力を強めた徴証は、文字技術以外のところでも見出される。

王権の工房・地域の工房

例えば、須恵器では、今の大阪府泉北《せんぼく》丘陵にあった陶邑《すえむら》の須恵器窯が、五世紀後半からその影響力を増大させていた。陶邑の須恵器窯といえば、五世紀の早い時期に渡来工人によって開窯《かいよう》されたとみられる王権の工房である。渡来工人によって操業を始めた各地の須恵器窯の多くが五世紀中葉までにその姿を消すなか、陶邑窯の直接的影響を受けた新たな須恵器窯が列島に広がっていったのである。五世紀前半から操業を継続させた一部の須恵器窯も、その影響は免れなかったらしい（植野浩三・一九九八年）。

鉄器生産でも似たことが起こっていた。もともと近畿では、五世紀前半から渡来系工人などが関与して、有力な首長に属する鍛冶集団、王権を支える鍛冶集団という、レヴェルの異なる両者において鉄器生産が行われていた。ところが、五世紀後半になると、特に河内《かわち》において鍛冶工房が増大する傾向がみられる（花田勝広・二〇〇二年）。その中でも「畿内最大」と評される鍛冶集落の大阪府大県《おおあがた》遺跡が、鉄器の生産量を急激に伸ばし、鉄素材の生産さえ開始させた可能性がある（村上恭通『倭人と鉄の考古学』青木書店、一九九八年）。一方地方では、例えば吉備の鉄器作りの中心で、加耶《かや》系渡来人が関与し五世紀前半から操業を始めたとみられる岡山県総社《そうじゃ》市の窪木薬師《くぼきやくし》遺跡が、五世紀後半に一時衰退したらしい（亀田修一「鉄と渡来人」『福岡大学総合研究所報』二四〇、二〇〇〇年）。

このうち、少なくとも、須恵器生産の変化については、吉村武彦も指摘するように、史料にみられる「陶人《すえひと》」の設置、つまり「人制」とかかわるとみてよいだろう（「倭国と大和王権」『岩波講座日本通史』2、一九九三年）。須恵器は首長の対外的機能を示す象徴財としても機能したであろうこと、それを生み出す技術と技術者は、五世紀前半の各地の首長が王権外交を利用し国際社会から独自に入手する場合が少なくなかったことは、すでに述べた。ところが五世紀後半になると、その重要な財・技術を、国際社会から直接ではなく、陶人を編成した王権から入手するようになったということになる。そこには、王権編成のフミヒトの文字技術を利用し、王権との関係を表現して、自己の政治的立場の正統性を主張したヲワケ臣と同様の地域の首長の姿が浮かび上がる。問題は、王権が各地首長層を圧倒し渡来系技術保持の優位性を加速させる現象が、なぜ五世紀後半の列島に強まったかである。そのもとをたどれば、次にみるようにまたも加耶の問題に行き着く。

東アジア混乱の影

揺れる加耶

前述のように、五世紀前半の倭国は、以前から友好関係にあった金官国《きんかん》や安羅国《あら》など加耶《かや》南部地域との関係を介し、百済《くだら》にも接近して、高句麗《こうくり》と対立した。王権の対外政策の実務を担った各地首長層は、それを渡来人・渡来文化を入手する好機として利用した。考古学は、この各地の首長層の国際交流が、加耶南部地域との相互関係を基軸としていたことを様々に捉えている。ところが、五世紀後半になるとこの両地域の相互交流に変化がみられるらしい。すなわち、五世紀後半になると、列島に加耶北部の文物が流入し、倭系文物が加耶南部よりも高霊《コリヨン》・玉田《オクチヨン》を中心とする加耶北部、さらには百済域に広がり確認されるようになるというのである（朴天秀「考古学から見た古代の

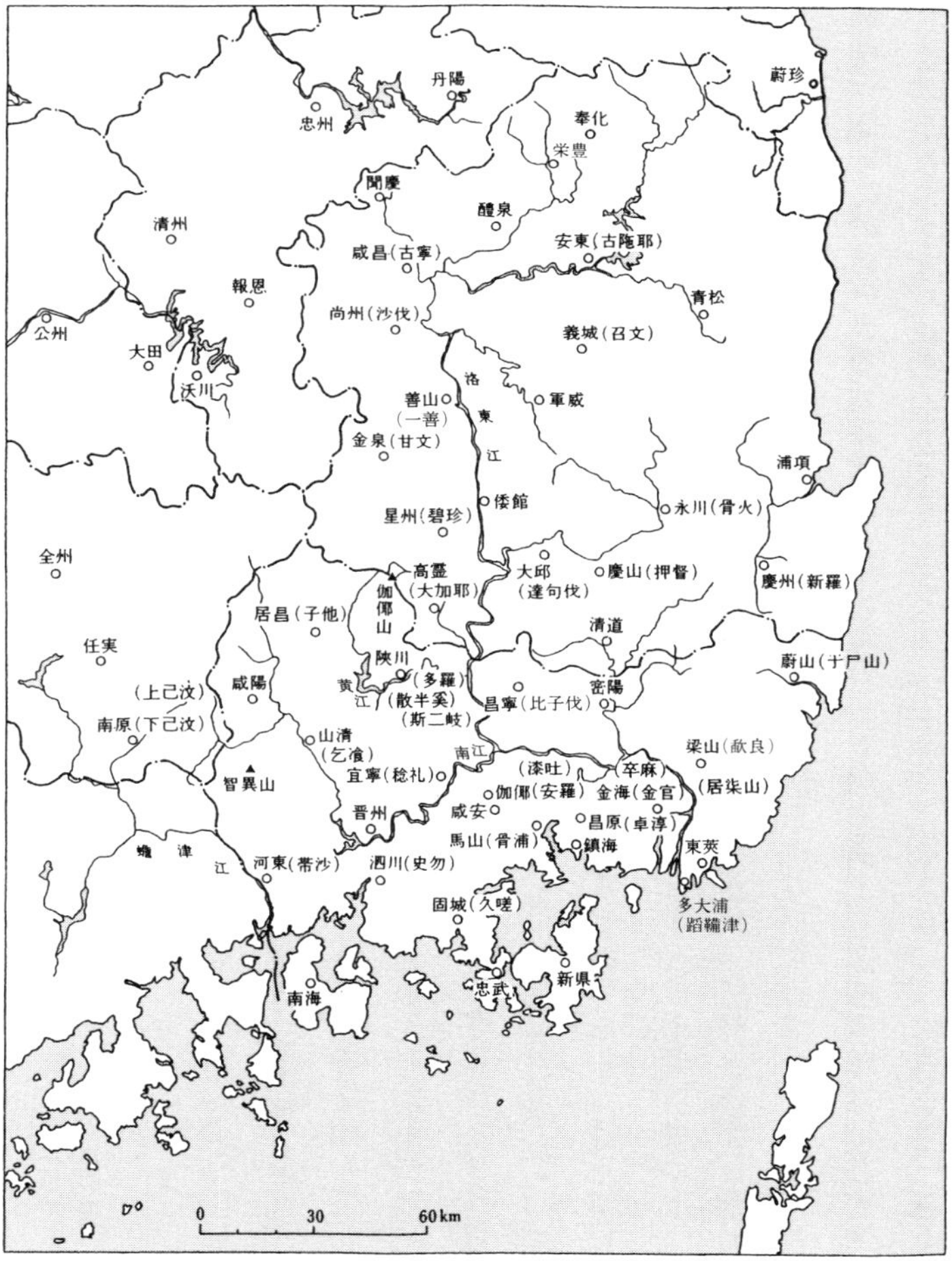

図５　加耶諸国図（田中俊明『大加耶連盟の興亡と「任那」』より，一部改変）

韓・日交渉」『青丘学術論集』一二、一九九八年。吉井秀夫「朝鮮半島の墳墓と日本の古墳文化」『日本の時代史』2、吉川弘文館、二〇〇二年）。この間、五世紀中葉の加耶は南部勢力が弱体化し、以後北部勢力が台頭するようになったとみられている。当時、加耶北部の高霊には伴跛《はへ》という国があり、五世紀半ばまでに勢力を衰えさせた金海の金官国に代わり、ここが大加耶という尊称で呼ばれるようになっていた（田中俊明・一九九二年）。

ところで、あの武《ぶ》の上表文《じょうひょうぶん》を収めた『宋書《そうじょ》』倭国伝は、五世紀の倭国の外交路線を知る、最も信頼の置ける現存の史料でもある。それによると、武の父の倭王済《せい》は、宋皇帝によって四四三年に認められた「安東将軍《あんとうしょうぐん》倭国王」から、四五一年には「使持節都督倭《しじせつととくわ》・新羅《しらぎ》・任那《みまな》・加羅《から》・秦韓《しんかん》・慕韓《ぼかん》六国諸軍事《りつこくしょぐんじ》安東大将軍」を加号・進号された。「使持節都督〇〇諸軍事」とは、〇〇部分の地域の軍事支配を認める官爵である。倭王権にとって、この「使持節都督〇〇諸軍事」の称号を得ることは、珍《ちん》王以来の宿願であった。というのは、済の先代珍も、四三八年に「使持節都督倭・百済・新羅・任那・秦韓・慕韓・六国諸軍事安東大将軍倭国王」を自称し、その正式な承認を宋朝に求めていた。ところが、この時宋が認めたのは「安東将軍倭国王」のみだったのである。四四三年にはじめて宋に遣使した済がどのような称号を要求したのか、『宋書』は伝えない。けれども、彼も前王にならって同様の称号を求めたであろう。しかし、この時宋が承認したのも結局「安東将軍倭国王」だけであった。ならば、その後の四五一年の遣使で済王に認められた「使持節都督○○諸軍事」は、宋が珍以来の倭王の要求にようやく応えたものとみなしてよいだろう。

ただし、前王の珍は宋への「使持節都督○○諸軍事」自称で大加耶を指すとみられる「加羅」の文字を入れてはいなかった。四五一年に宋朝が済王に授けた「加羅」の文字を含む官爵が、済の要望に沿ったものとみるならば、倭王が「加羅」への国際政治上の優位性を欲するのは済王の時からなのである。これは、北部の大加耶が成長をはじめる時期と重なる。その後、武王も四七八年に「任那」「加羅」を含んだ「使持節都督○○諸軍事」の称号を求めて宋朝に認められた。なお、四七八年の武の上表文は、倭と百済の連携による対高句麗戦争の方針が父済王以来のものであると主張する。先の百済王余慶《よけい》の北魏への上表文も、高句麗との激烈な衝突が四四〇年代初頭からはじまったとしていて、両国の対高句麗での連携強化が四四〇年代からのものであることはほぼ間違いない（鈴木靖民・二〇〇二年）。したがって、成長する加耶北部との政治的関係を強く意識し、対高句麗で百済との連携をさらに強化する倭王の外交は、四四〇年代の済王からの路線と理解することができる。

しかし、加耶北部の成長が、なぜ倭王済に外交の新たな路線を迫るものとなりえたのであろうか。おそらくここには、加耶南部地域との関係に依拠して渡来人・渡来文化を移入してきた列島諸地域の構造的矛盾があったと推察される。

葛城の首長と加耶情勢

すでに触れた『書紀』神功六二年条所引の『百済記《くだらき》』は、「壬午年」、新羅攻撃を大王に命じられた沙至比跪《さちひこ》が、逆に新羅側の贈与を受けて大加耶を攻撃し、大加耶が百済に救援を求める事態が起こったと伝える。「壬午年」はおそらく四四二年のことで、この史料は五世紀半ばに葛城襲津彦《かつらぎのそつひこ》が北部の大加耶を討ち、それを大加耶の要請を受けた百済が阻止した史実を伝えたものであろう（山尾幸久・一九八九年）。襲津彦は、かねてより友好関係にあった加耶南部諸国を足掛かりに、北部への攻撃を仕掛けたとみられる（田中俊明・一九九二年）。

そして、この襲津彦の大加耶攻撃の翌年、済王ははじめて宋に遣使した。その八年後には、「加羅」を含む「使持節都督〇〇諸軍事」の称号が済王に正式に認められる。これが四四三年以来の済王の要求に宋朝がようやく応えたものと考えるならば、四四二年の襲津彦による大加耶攻撃と、四四三年の済王による宋への「加羅」の字を含む称号の要求に、加耶に対する両者連携の姿を見出す余地も生まれよう（田中俊明・一九九二年）。しかし、『百済記』が襲津彦の軍事行動を「天皇、大きに怒りたまひて」と、倭王の期待を裏切る行為であったと明記する点はやはり無視できない。しかも『書紀』編者は、これに続けて「一《ある》に云《い》はく」として、大王との溝を深めた「沙至比跪」が和解せぬまま死去したという別伝まで注記する。「沙至比跪」は『百済記』にみえる襲津彦の人名表記だから、「一に云はく」も、『百済記』あるいは百済側関連の史料からの引用とみられる。七世紀後半の亡命百済人らが撰述した『百済記』が、倭王の百済寄りの態度を強調するために「沙至比跪」の単独行動を造作した可能性も皆無ではないが、その対立の顚末まで詳細に捏造《ねつぞう》するのはやはり手が込みすぎというべきであろう。襲津彦の動きはやはり倭王の意図と別のところでみた方がよい。

ならば、襲津彦はなぜこうした単独行動に出たのであろうか。すでにみたように、倭の外交は加耶南部との関係を軸に動いていた。五世紀前半までの葛城の首長層も、加耶南部との関係を基軸とする王権外交を積極的に利用し、当地の渡来人らを招き入れてその力を蓄えてきた。ところが近年の考古学は、新羅系の山形金銅冠の出土などから、五世紀中葉から後半の加耶南部に新羅の影響を指摘する。五世紀の加耶南部は新羅とも関係を持つようになっていたらしい。したがって、襲津彦と新羅との贈与関係、加耶南部を足掛かりとした大加耶攻撃、あるいは百済との衝突も、当該期の加耶南部と新羅との関係に引きずられた可能性が想定されることになる。五世紀半ばの国際情勢の変化にあっても、葛城の首長層は加耶南部地域との関係を基軸にすえた国際交流を行っており、それを結果的に新羅への接近、大加耶攻撃、百済との衝突にまで発展させてしまったのであろう。

一方で、加耶南部には一貫して百済との関係も維持されており、倭王の外交政策は継続してこのラインに沿っていた。加耶北部を視野に入れ始めた済王は、百済との連携を強化する点では、それ以前の王権外交の延長線上にある。百済から大王のもとへ派遣された「質《むかはり》」なども、前述のように倭王権の外交を百済側へつなぎとめる活動を展開し続けた。

『宋書』によれば、倭王珍の宋への遣使が四三八年、倭王済のそれが四四三年とされるから、襲津彦が大加耶を攻撃し、百済と対立した四四二年は、済王の登場時期とも重なっている。珍から済への交替に関しては、『宋書』がその続柄を記さないことから、血縁関係の断絶がいわれているが、ここに王権外交をめぐる政治的対立の影響があったことも推測される。少なくとも、加耶南部の複雑な情勢は、百済との連携強化をいう倭王と、新羅に接近する葛城の首長層との間に溝をつくっていた。襲津彦の計画は、結局百済に阻止され失敗に終わり、百済との連携を重視する大王との対立をさらに深めてしまったということであろう。

これと関連して、『書紀』が允恭《いんぎょう》天皇と襲津彦の孫（あるいは子）玉田宿禰《たまたのすくね》との衝突を伝えることも注目される。允恭五年七月己丑条によると、前天皇反正《はんぜい》の殯《もがり》をつかさどっていた玉田宿禰はその職務を怠り、それが殯宮《もがりのみや》に派遣された允恭天皇の使者の知るところとなった。事の発覚を恐れた玉田宿禰がその使者を殺害したため、天皇との間に武力衝突が起こり、彼は天皇の兵によって家を囲まれ誅殺されてしまう。

殯は、死後埋葬までの間に行われる葬送儀礼で、この間に王位継承も行われる。允恭は『宋書』の済にあたるとみられているから、『書紀』本文も先の『百済記』の話とは別に、王位を継承しようとする允恭（済）と葛城の首長層との対立の記憶を伝えていたことになる。さらに『書紀』は、允恭の子で次の天皇安康《あんこう》が在位三年で暗殺されたとするが、彼は『宋書』の興《こう》に比定される人物であって、この暗殺は武の上表文が「奄《にわか》に父兄を喪《うしな》い」と語っていることとも一致する。上表文によれば、これによって、高句麗との戦闘を覚悟していた王権外交が一時中断に追い込まれたという。大橋信弥は、この一連の混乱に朝鮮半島情勢の悪化を媒介とした葛城氏と済・興・武の対立を想定するが（『古代日本の王権と氏族』吉川弘文館、一九九六年)、妥当であろう。『百済記』の沙至比跪の話は、時期的にみてもこうした混乱の端緒ともいうべきものを伝えていたことになる。

したがって、即位して間もない済王が、葛城勢力による大加耶攻撃の直後、「任那」「加羅」を含む軍事官爵を望んだのも、加耶地域との新たな政治的関係を宋朝の支援のなかで再構築することで、この内外の混乱を有利に導こうとする狙いがあったものとみられる。そして宋もこの済王の要求に応えることにした。宋の支持を取り付けることのできた倭王が、外交戦略のなかで葛城の首長より圧倒的優位に立ったのは明らかであろう。

吉備の首長と加耶情勢

右の加耶の変動に端を発した混乱は、大王と葛城の首長の対立にとどまらず、他の有力首長層の動向にも波及していったとみられる。吉備《きび》氏も雄略天皇と対立し、「任那《みまな》」を介して新羅と通じたという伝承を持つからである。すなわち、『書紀』雄略七年是歳条は概略次のように伝えている。

雄略天皇は吉備上道臣《きびのかみつみちのおみ》田狭《たさ》自慢の彼の妻稚媛《わかひめ》を奪うため、田狭を「任那国司《みまなのくにのみこともち》」に任じた。任地で自分の妻が天皇に召されたと聞き及んだ田狭は、反乱の意志をもち、援助を求めて密かに新羅に入ろうと考えた。その頃、新羅を討つことを計画していた雄略は、田狭の子弟君《おときみ》と吉備海部直《きびのあまのあたい》赤尾《あかお》にそれを命じるとともに、西漢才伎《かわちのあやのてひと》の観因知利《かんいんちり》の提案を受けて、弟君らに百済から技術者を連れ帰る任務も与えた。ところが百済に渡った弟君は、新羅までの路が遠いことを理由に新羅を討たず、百済が貢じた今来才伎《いまきのてひと》（新来の技術者）を大嶋《おおしま》に集めたまま帰国せずにいた。「任那国司」の田狭はこの息子の行為を非常に喜んだ。しかし、弟君に同行した彼の妻樟媛《くすひめ》は、夫の謀叛を嫌い密かに夫を殺害する。弟君のいなくなったことを聞いた雄略は、使者を派遣して彼女らを帰国させ、今来才伎が渡来した。

　ところが『書紀』はこの事件に関し、注で別伝を引用する。そこでは雄略が奪った田狭の妻が、稚媛ではなく、襲津彦の子玉田宿禰《たまたのすくね》の娘毛媛《けひめ》とされ、田狭は雄略に殺されたことになっている。また、田狭の息子弟君も、百済から帰り、漢手人部《あやのてひとべ》・衣縫部《きぬいべ》・宍人部《ししひとべ》を献上したという。さらに、雄略との間に星川皇子《ほしかわのみこ》を生んだ稚媛は、雄略元年三月是月条が引く別本では、吉備窪屋臣《きびのくぼやのおみ》の娘と注記されている。

　こうしたことから、大橋信弥は、星川皇子の母稚媛は吉備窪屋臣の娘であるという話、田狭の妻は葛城玉田宿禰の娘毛媛であるという話、弟君は百済から今来才伎を連れ帰ったという話など、それぞれ別々にあった伝承を、強引に結合し造作したのが『書紀』本文であると捉えた。『書紀』ではこの事件のしばらく後、吉備上道臣や母稚媛に支えられた星川皇子が皇位簒奪のクーデターを起こすことになっているから（『書紀』清寧即位前紀）、右の田狭・弟君父子の物語も、そのクーデター事件の発端の物語として起草され、様々な原伝をもとに無理に改作されたものだとみるのである（『古代日本の王権と氏族』吉川弘文館、一九九六年）。

一方、吉田晶は、ここで『書紀』が参照した原伝について考察しつつ、田狭は吉備にあるときに稚媛と結婚し、その後雄略の宮廷に仕えて葛城氏所生の毛媛をも妻にむかえたとみる。そして、その後の田狭は葛城と吉備の連合関係をきらう雄略によって排除され、妻を奪われたと推定する。また、田狭の「任那」に拠った雄略との対立には、吉備一族が王権の外交実務を負い、加耶南部地域とも密接かつ独自の関係を築いていたことが影響していると推察する（『吉備古代史の展開』塙書房、一九九五年）。

ここでは、田狭と稚媛の実際の関係をどうみるかは棚上げし、また今来才伎のことも後述するとして、ただ、田狭が、襲津彦の血縁者で允恭（済）とも対立した玉田宿禰の娘を、妻としてむかえたとする原史料のあったらしいことだけに着目したい。これを前提とすれば、『書紀』本文が採用した加耶南部を介して新羅と通謀し雄略と対立する田狭の物語も、決して唐突なものとはできなくなる。その田狭の行動は、田狭が婚姻によって関係を結んだ葛城の首長層の行動と全く同一路線上に乗るからである。

しかも、右の田狭の事件とは別に、『書紀』雄略八年二月条も、新羅救援のため、「任那王」の推挙を受けて新羅へ駆けつけた倭の将に、吉備臣小梨《おなし》という人物があったと伝えている。この話は、新羅が雄略登場以後対立をつづける倭国を警戒し、高句麗に接近したところ、高句麗がそれを利用し新羅に侵攻したため、新羅王が「任那王」に援軍を要請したということにはじまる。物語は膳臣斑鳩《かしわでのおみいかるが》を中心に描かれていて、膳氏の記録が参照されたのであろう。これを『三国史記』新羅本紀が伝える四八一年の高句麗による新羅侵攻と、新羅を救援する百済・加耶の話と関連させる理解もある（大山誠一『日本古代の外交と地方行政』吉川弘文館、一九九九年）。ただ、この「加耶」は「任那」ではなく加耶北部の高霊の大加耶を指す可能性が高く（田中俊明・一九九二年）、『書紀』も百済の関与には何ら触れていない。新羅本紀はこれより前の四六八年にも高句麗の侵攻があったとしており、その直前の四六二年、四六三年に倭人の新羅襲撃も伝えるから、倭国の攻撃を警戒した新羅の顚末を描く『書紀』の伝承は、むしろこちらを指しているのかもしれない。

いずれにしても、膳氏の記録にも、対新羅の姿勢をとる五世紀後半の倭王とは異なり、「任那王」の推挙を受けて新羅救援に向かう吉備の首長が登場することは留意される。『書紀』本文が採用した田狭の物語は、加耶南部地域と独自の関係を持ち、かつ葛城の首長層とも婚姻関係を結んで大王と対立した吉備の首長の物語と理解するならば、当時のものとして何ら矛盾のない明確な史的背景を持つとみなしうる。

倭国の動揺と大王

おそらく複数の集団で構成されていたであろう葛城氏や吉備氏が、五世紀中葉から五世紀末にかけて大王と対立し、徐々に衰退したことは、これまでも多くの指摘がある。以上の検討によって、そこに加耶地域の変動、なかでも加耶南部諸国の政治的後退やそこでの新羅の影響力の増加が大きな影を落としていたことは明らかであろう。そして、各地が独自に導入した須恵器窯などの渡来系技術の多くが五世紀後半までに衰退したとする先の考古学的知見も、おそらくこの問題と関連するであろう。

何度も述べるように、五世紀前半までの列島各地の渡来系技術の導入は、王権外交への参加を契機とした加耶南部諸地域との多元的・個別的ネットワークを基礎に置いていた。したがって、五世紀中葉以後の加耶南部諸国の政治的後退や新羅の影響力の伸展が、このネットワークを大きく動揺させたことは容易に推測できる。実際、すでにみたように、『書紀』の伝承には、倭の大首長たちに、加耶南部を介した新羅への接近、大加耶・百済・大王との衝突など、ネットワークをめぐる混乱が生じていたことが読みとれる。

そもそも、渡来系技術者の招来と、それら技術の維持・刷新は、前者が一時的なものであるのに対し、後者は恒常的体制が求められる点で、次元の異なる問題である。ところが、須恵器《すえき》がまだ朝鮮半島の強い影響下にあったように、当時の列島諸地域には、内部でその技術者を再生産する体制が十分整っていなかった。したがって、技術の維持・刷新には、継続的な技術者の渡来に期待する部分が少なくなかったはずである。その基盤となる国際ネットワークの維持は、贈与関係を基本とする国際情勢への絶え間ない関与が前提とされていた。しかし、加耶南部との独自のネットワークを固持しようとした葛城の首長の軍事行動が百済の阻止で失敗したように、その努力はなかなか成功しない。それどころか、ネットワークの錯綜は、倭国の政治に波及し、外交をめぐる内部対立をも生じさせていた。当時の国際情勢の混迷ぶりは、有力首長といえども、その部分的な地域連合で切り抜けられる状況を越えていたのである。これらは、王権外交に依拠した個別の国際ネットワークで、渡来系技術を導入してきた列島各地の体制を混乱させ、不安定にさせたと推測される。対外的機能を期待された各首長層にとって、それは権威の根幹にかかわる大問題である。

このなかで、大阪湾沿岸部を中心に配置された王権の工房がその影響力を増大させたことは、大王がその成果を各地に分配する体制を強めたことを意味する。倭王は武の上表文にあるように、葛城や吉備の首長らと違い、百済と連携し対高句麗戦を準備する外交を展開させていた。加耶南部の工人を迎えてはじまった陶邑《すえむら》の須恵器生産に、五世紀中葉前後からは百済と関係を持つ朝鮮半島南西部栄山江《ヨンサンガン》流域の工人が加わるのも（酒井清治『古代関東の須恵器と瓦』同成社、二〇〇二年）、おそらくこのこととかかわろう。後述のように、栄山江流域で確認される百済の影響については、その評価をめぐっていくつかの議論がある。しかし、少なくともこの王権の工房の技術系譜の変化に、加耶南部の混乱を受けて百済との連携を強める王権外交のありかたが影響していたことは認めてよいと思う。栄山江流域は倭・百済間の交流において、結節点となるべき地理的位置にあるからである。もと もと対外交通・戦争で倭国を主導する立場にあった大王は、百済との連携強化と宋王朝の支持を背景に、国際社会において他の大首長を圧して、自らの持つその国際関係をより直接的に渡来系技術・文化の集中・編成・再生産に使うようになったと考える。

こうして、各地の持つ国際ネットワークが混乱するなか、各首長層の対外的能力を示す財は、その集約に成功した倭王によって分配・供給される体制が、五世紀後半に段階的に整備されていったと想定される。王権外交のもとで独自の加耶ネットワークを駆使した大首長のいくつかがその舵《かじ》取りを誤り勢力を弱める一方、大王へ結集する動きを強める首長層は増えつづけていったのである。これ以後、奈良盆地だけでなく王権の工房の集中する河内にも拠点を築いた物部氏や大伴氏などが、大王の意を受け急成長を開始する。要するに、葛城氏や吉備氏の政治力の相対的低下や、五世紀後半の王権の渡来人編成は、王権外交を媒介に国際社会と多様に結び付いた各地首長層のネットワークが、国際社会の変動で動揺したことを受けてのことであった。単なる国内の権力闘争の問題ではなかったのである。

百済の混乱・宋の滅亡

ところで記紀は、吉備上道臣田狭の妻を奪った雄略天皇を、対立勢力を暴力的に威圧した指導者としても描く。例えば『書紀』は、その即位前紀に、雄略が即位に際し眉輪王《まよわのおおきみ》と葛城円《つぶら》大臣《おおおみ》をともに焼き殺し、葛城氏の血脈を引く市辺押磐皇子《いちのべのおしはのみこ》・御馬皇子《みまのみこ》をも殺戮《さつりく》したと伝える。雄略二年十月是月条も、独断専行で誤って人を殺すことが多かった雄略を、人々が「大悪天皇」と非難したとする。前述の国内対立・矛盾は、独裁的な雄略の登場によって、とうとう強引に封印されたかのようである。

対立勢力を倒した雄略（武）が、日本古代王権史上の一つの画期をなしたとみる理解は、今や様々な点から広く支持されている。ただし、これを日本史のなかの順調な王権成長・発展プログラムの一環として理解すべきではない。五世紀の王権は、国際的混乱を受けた諸矛盾をいかに克服するかという厳しい課題を抱えつづけ、むしろそれをエネルギーに外交を主導し、その求心力を維持していた。この観点からみれば、倭の五王のなかでも武（雄略）こそ、国際環境の最も厳しい時代に即位した王であったことに留意すべきである。

すなわち、五世紀後半の国際的な混乱のなか、宋・百済の協力を得て倭国での指導力を発揮した倭王は、武の時代、その期待に応える基盤であった外交で強烈な壁に突き当たってしまう。高句麗の百済攻撃によって、四七五年に百済の王都漢城《かんじょう》が落ち、蓋鹵王《こうろ》（余慶）も戦死するという衝撃的な事件が発生したのである。すでに衰弱明らかな宋王朝にわざわざ使節を送り、高句麗との戦いに支持を取り付けようとした四七八年の倭王武の上表文の背後にも、こうした国際情勢が横たわっていた。百済はまず王弟であった文周王《もんす》を即位させ、王都を南の熊津《ゆうしん》に遷してこの滅亡の危機をしのいだ。この間、既述のように、四六一年に蓋鹵王が倭へ送っていた「質」昆支《こんき》（軍君《こにきし》）が帰国する。しかし、こうしてかろうじて命脈を保った百済王権には、その建て直しをめぐって長い迷走がつづく。

『三国史記』によると、四七八年、文周王は兵官左平《へいかんさへい》の解仇《げきゅう》によって暗殺され、その後を嗣いだ一三歳の三斤王《さんこん》も解仇と対立したという。三斤王は何とか解仇を倒したものの、その直後の四七九年には急死してしまう。三斤王の死因の詳細は伝わらないが、百済王権はかなり不安定な状態にあったらしい。次の王として白羽の矢が立ったのは、あの昆支（軍君）の子で倭国生まれの可能性もある末多《また》（牟大）王である。この時点で末多王は、「質」の大役を解かれて帰国した父昆支には随わず、倭国にとどまっていた。『書紀』雄略二三年四月条は、彼に兵器と筑紫の軍士五〇〇人を与え、百済に護送して東城《とうせい》王としたといい、同是歳条は筑紫の安到臣《あちのおみ》・馬飼臣《うまかいのおみ》等が、船団を率いて高句麗と戦ったとする。

これとほぼ同じ頃、倭王の権威を側面から支え続け、対高句麗戦での支持も期待された宋王朝が、その衰弱を挽回できずに消滅してしまう。武の上表文到着の翌四七九年には、宋が済（南済）にとってかわられたのである。以後、倭国と中国王朝との直接交流は長く途絶することとなった。これを倭が中国王朝の冊封《さくほう》体制から離脱したものと捉え、その背景を、稲荷山鉄剣や江田船山大刀の銘文から窺われる武王独自の「天下」意識の成熟に求める見解は根強い。確かに、五世紀後半の倭王権は国内的にその求心力を増していたし、百済支援が倭国に「治天下」を自負させる条件をもたらしたかもしれない。しかしそもそも、宋王朝滅亡後の武王権にとって、対中外交を存続させる国際環境が整っていなかったことにも留意が必要である。南朝と対立した北朝魏の攻勢は南にのびつづけ、四八〇年代初頭には淮南まで到達する。これによって、倭国は南朝との交流ルートの確保がますます難しくなっていた。しかも、倭国には北魏との通交に切り替える選択肢がなかった。漢城陥落前の百済王余慶の協力要請を北魏が蹴ったことから、北魏の協力が仰げないことは明白だったからである（川本芳昭『魏晋南北朝時代の民族問題』汲古書院、一九九八年）。

倭王を支えるはずだった外交が右のようでは、王権に安定的な成長が約束されるはずもない。雄略が対立勢力を次々と打ち倒す暴虐な王として伝えられたのは、国際的な諸矛盾が引き起こす倭国の諸矛盾を、半ば力ずくで押しとどめざるをえなかった武王権の一面を反映したものであろう。要するに、漢字文化を駆使して描き出された武の時代の「治天下」とは、王の権威と結び付く外交の行き詰まりのなかで、王権がその正統性をどう再構築するかという課題と向き合った結果であったと思うのである。先の鉄剣銘・大刀銘の分析、フミヒトの活躍などにみたように、対立勢力を押さえた武王権が、前王を引き継いでこれまで以上に技術・文化の集約・分配体制を強め、王権への求心力を高めていたことは確かである。しかしそれは、厳しい国際環境と表裏の関係にあった。そして後述するように、実は王権支配を支えた「技術革新の時代」までもが終焉間近であった。強烈な個性で難局を切り抜けようとした武王の登場も、以後の王権の成長を保証するものにはならなかったのである。

河内の開発

武王をピークとして、渡来系技術・文化を集約・再分配する体制を整えた五世紀の王権は、その役割を担う工房を大阪湾沿岸部、そのなかでも河内《かわち》（難波《なにわ》やのちの和泉《いずみ》を含む広い地域概念）に多く設置している。加えて四世紀後半以降、大王墓も大和《やまと》から河内へ移動するから、倭国の中枢にあった大和を基盤とする勢力は、四世紀中葉以後、河内を基盤とした勢力にとって代わられたとする説もある。しかし、もともと河内に有力な在地勢力があったとすることはできないし、大和に加え河内にも拠点を築いた物部《もののべ》氏や大伴《おおとも》氏が成長したという事実もある。大和と河内は別個の勢力ではなく、一体的なものとして理解した方がよいであろう（熊谷公男『大王から天皇へ』講談社、二〇〇一年）。

なお考古学は、五世紀の生産工房が、大和では鍛冶や玉・ガラス生産なども行ういわば複合化した様相を持つのに、河内では須恵器だけを生産したり鍛冶だけを行う大規模専業化した状況にあることを様々に指摘する。これは、大和の工房が王権を支える豪族の家産に組み込まれたものであったのに対し、河内の工房は王権の工房として再編されたもので

図6　大阪湾沿岸部とその周辺の遺跡分布

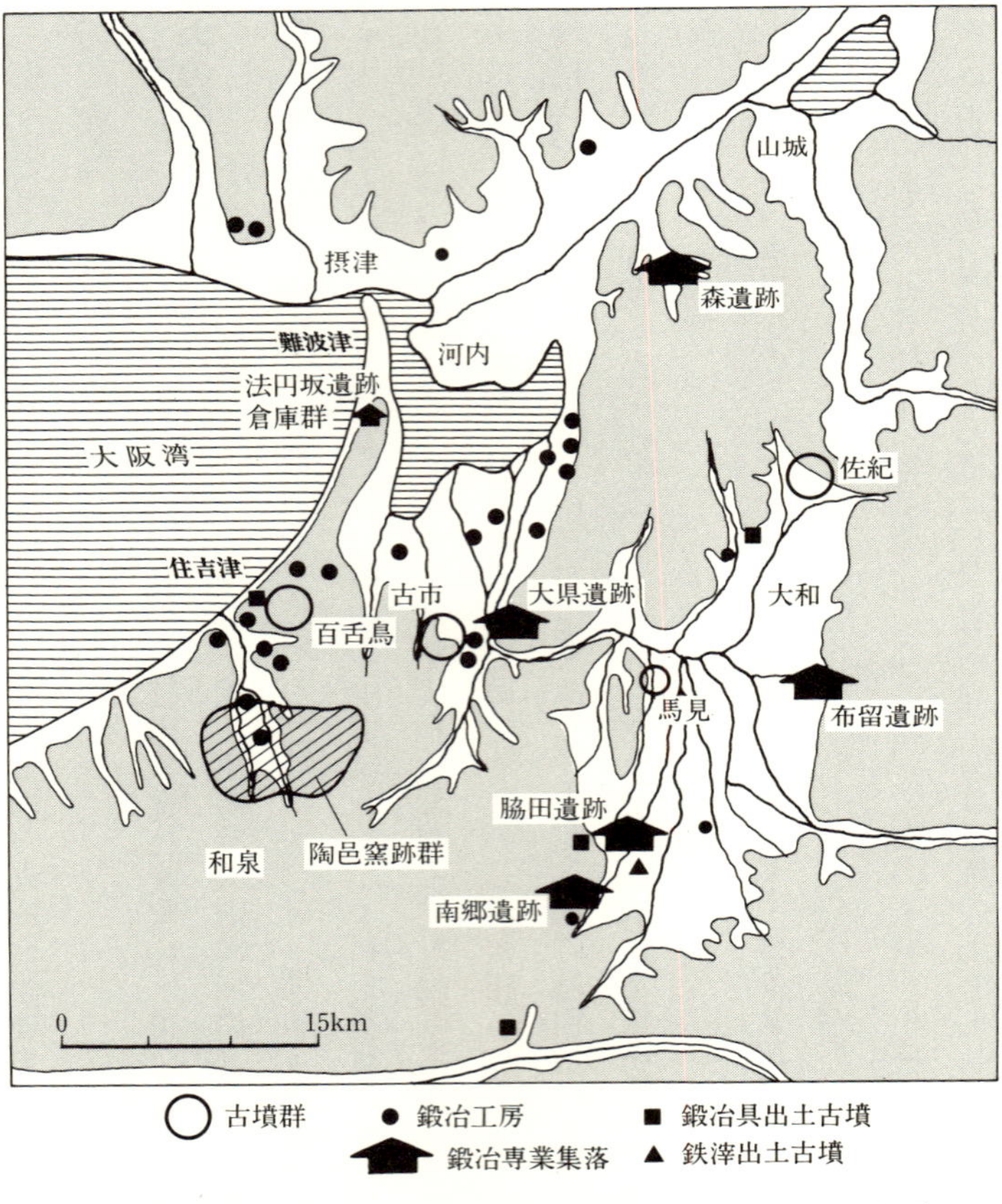

(銅鐸博物館『銅から鉄へ—古墳時代の製鉄と鉄器生産—』より，一部改変)

あったとすれば納得できるものである。

要するに、王権は河内に大和とは異なる役割を期待していたとみられるが、これに関しては、河内が王権にとって西日本、朝鮮半島との交流の最大拠点であったという事実に着目する必要があろう。四世紀後半以降の倭国は、国際社会との関係維持に、各地有力首長層の協力を前提とする朝鮮半島への軍事的関与を必要としていた。時期的にみて、その拠点の一つとして、河内への積極的な進出が開始されたと理解できる。王権の工房が河内に配置されたのは、ここが単に在地勢力の未発達な地であったからなのではなく、王権にとっては西日本・朝鮮半島との交流の結節地点であり、再分配体制に重要な水上交通の拠点たりえたからだと推察される。須恵器や鉄器の生産をみるかぎり、五世紀前半までには動き出したその機能は、五世紀後半にさらに高められたことになる。

ただし河内は、その北部に淀《よど》川・大和川などの諸河川が集まり乱流する沼沢《しょうたく》地帯（河内湖）を抱え、広大な低湿地が広がっていた。湖水の海への出口は湖北の一部に限られていたため、水が溜まったまま滞り、諸河川の河口部の流れは遅かった。河の水は逆流し、少しでも長雨になれば海潮までもが村里に流れ込む状態であったらしい（『書紀』仁徳一一年四月条）。したがって、おそらく河内湖沿岸部は安定せず、そこに所在した諸港も、決して使い勝手の良いものとはいえなかったと推察される。大王墓を擁する百舌鳥《もず》古墳群や古《ふる》市《いち》古墳群も、河内湖より一〇キロ前後も南方に離れ、鍛冶を行った大県の集落は古市古墳群の周辺に、須恵器生産を行った陶邑の集落は百舌鳥古墳群の周辺に置かれていた。

一方、百舌鳥古墳群から海岸に沿って四、五キロほど北に行くと住吉津《すみよしつ》があって、『書紀』雄略一四年条は、呉国から帰国した身狭村《むさの》主青《すぐりあお》らが渡来人技術者を連れてここに帰着し、呉の使者を迎えるため、内陸部へ通ずる道路も整備したと伝えている。河内を重視した王権にとって、住吉津は重要な港であった。ところが、淀川の氾濫を防ぐ「茨田堤《まんだ》」が設置されたり、河内湖の水を大阪湾に流すための「堀江」が掘削されると、河内湖周辺の交通上の利便性が格段に上昇する。特に「堀江」付近に設けられたと考えられる難波津は、「堀江」の開削で後背地との水上交通が至便となり、以後住吉津にかわる王権の主要港として発展していくことになったとみられている（直木孝次郎「国家の形成と難波」『古代を考える　難波』吉川弘文館、一九九二年）。『書紀』や『古事記』はそれを仁徳《にんとく》天皇の時代のこととして伝えるが、この実年代をどこに置くかについては諸説ある。

これと関連し、考古学からは、五世紀の河内湖周辺の沖積地および上町台地《かみまちだいち》北部の開発に渡来人が関与したことを示す痕跡が指摘されるようになった（田中清美「五世紀における摂津・河内の開発と渡来人」『ヒストリア』一二五、一九八九年）。中央区難波宮下層から検出された五世紀後半の大規模な法円坂倉庫群《ほうえんざか》も、五世紀後半代の淀川河口と王権との結び付きを推測させるものといえる。さらに近年では、朝鮮系軟質土器の検討を行った今津啓子が、五世紀前半代に大阪湾南岸部に急増した渡来人が五世紀後半に河内湖沿岸の上町台地北端部や東大阪市東部、さらには大和川・石川を遡った内陸部にも展開するようになったと指摘し、五世紀前半には住吉津が、五世紀後半には難波津が意識されたと理解すれば、この事象を整合的に説明できるとする（「渡来人の土器―朝鮮系軟質土器を中心として―」『古代王権と交流』5、名著出版、一九九四年）。こうして、難波津の発展につながる渡来人を登用した開発が、少なくとも五世紀後半には積極化していた状況が推定されるようになってきた。そしてこれが六世紀の初めに活躍する継体大王登場の前提も準備したと考えるのだが、そのことは章を改めて述べることにしたい。

渡来とネットワーク

六世紀の渡来人・渡来系氏族

西暦	
501	百済，東城王が死去し，武寧王が立つ。
503	百済武寧王，人物画像鏡を即位前の継体へ贈るか。
507	倭，継体王権が成立する。
513	百済，倭へ五経博士を送り始める。
520	新羅，律令を頒布するという。
522	新羅・大加耶の婚姻同盟が成立。
529	新羅・大加耶の婚姻同盟が破綻。
530	筑紫の磐井，加耶に向かう近江毛野の軍を阻む。
531	継体大王没。王位継承をめぐる抗争が勃発か。
534	武蔵で首長間の抗争が勃発。
536	筑紫の那の津にミヤケを置く。
538	百済，泗沘に遷都する。
541	百済，新羅と和議を結ぶとともに，加耶諸国や倭臣と加耶復興について協議する。
544	百済，再び加耶復興について協議をもうける。在安羅諸倭臣らが新羅と通じていることなどが問題となる。
551	百済，新羅・加耶の協力を得て高句麗から漢山城を奪還。
552	新羅，漢山城を占拠し，百済と交戦状態に入る。
553	欽明大王，百済に対する軍事援助を決意。王辰爾が樟勾宮近くで「船賦」を数えて記録する。
555	吉備の五郡に白猪屯倉を置く。
562	新羅，大加耶を滅ぼす。
569	胆津，白猪屯倉の田部を検定して籍を定める。
570	欽明大王，越に漂着の高句麗使に関する報告を受ける。 高句麗使，近江経由で山背の相楽館に入る。
572	王辰爾，高句麗の表文を解読する。
573	高句麗使，越に漂着する。倭，送使を付けて直ちに放還する。 倭の送使，高句麗使人二人を殺害する。
574	高句麗使，来倭して殺害された使人の消息を尋ねる。
583	敏達大王，百済官人の日羅を招聘する。

錯綜するネットワーク

倭と百済

国際的に追い込まれながらも、独自の「天下」を創造し百済《くだら》支援を積極化した倭《わ》王権には、その後も険しい道が待ち受けていた。倭の支援を受けた百済東城《とうせい》王がまたもや衛士左平《えじさへい》の手にかかり五〇一年に暗殺されたのである。これに関し、『書紀』武烈四年是歳条は百済三書の一つ『百済新撰《くだらしんせん》』を引いて、末多《また》王（東城王）は無道で、百姓に暴虐をはたらいていたため、「国人」がともに王を除いたとする。こうしてその年に武寧《ぶねい》王が即位したが、この異常な政変に武寧王自身が加担したとみる向きもある。ただし、武寧王は東城王の倭国との友好関係は引き継いだ。『書紀』は百済三書の一つ『百済新撰』などに依拠しつつ、武寧王が昆支《こんき》（軍君《こにきし》）の子で倭に生まれ、母とともに帰国した王子だと記している。彼の生年が「質」昆支の来倭直後であることは、韓国忠清南道公州の武寧王陵出土墓誌によっても確認できる。この武寧王の時代、百済の復興はようやく軌道にのったらしい。高句麗《こうくり》を撃退して五二一年に中国梁《りょう》に遣使を果たした武寧王（余隆《よりゅう》）は、その上表文において高句麗を破り、百済を再び「強国」にしたと誇っている（『梁書』百済伝）。彼はその九年前の五一二年にも梁に遣使していて、この時梁から招聘《しょうへい》したのではないかともいわれる五経博士《ごきょうはかせ》の一人段楊爾《だんように》が、翌五一三年には倭国へ送られた。以後も『書紀』は、中国由来の先進の技能者が百済経由で断続的に渡来したことを伝える。

当該期の倭・百済関係に関して、いくつかの注目すべき指摘を行っているのは山尾幸久である。山尾は、『書紀』の東城王即位に筑紫《つくし》の軍がかかわったとする記事を参照しつつ、ここに北部九州の江田船山《えたふなやま》古墳の被葬者や筑紫の磐井《いわい》につながる勢力の援護があったと想定する（『筑紫君磐井の戦争』新日本出版社、一九九九年）。また、隅田八幡《すだはちまん》神社所蔵人物画《じんぶつが》像鏡銘《ぞうきょうめい》の分析から、鏡は即位したばかりの武寧王が五〇三年に「□中費直・穢人今州利」を倭国に派遣し作らせたもので、これが大和の意柴沙加宮《おしさかのみや》にある即位前の継体《けいたい》に贈られたものであることも明らかにした。そしてそこに、倭の後援を受け即位した東城王亡き後、前王同様の倭国との修好関係を求める武寧王の意図をみる（山尾幸久・一九八九年）。こうした経緯も踏まえつつ、山尾は四七五年以後六世紀前半までの両国の関係が前例にないほど親密であったと総括する。

このうち、山尾の想定した東城王即位とかかわる北部九州勢力の動向と関連して、考古学では、朝鮮半島南西部の栄山江《ヨンサンガン》流域を中心に分布する、五世紀末から六世紀前半代の九州系横穴式石室《よこあなしきせきしつ》の存在が注目されている（柳沢一男「全南地方の栄山江型横穴式石室の系譜と前方後円墳」『前方後円墳と古代日朝関係』同成社、二〇〇二年）。人物画像鏡銘の解釈についても、山尾の見解に基本的に従うべきと考える。

ただし、この時期に親密化したと評される倭と百済が、安定的・一体的な国際戦略をとっていたかというと、そうでもないらしい。この点は、新羅をめぐる両者の外交政策に大きな違いがあることから浮かび上がる問題である。

すなわち、『三国史記《さんごくしき》』百済本紀・新羅本紀をみるかぎり、少なくとも五世紀中葉以降の新羅と百済は対高句麗で連携する場面が度々あった。しかも、王権の混乱を抱える百済の東城王は、熊津《ゆうしん》への遷都以後ではじめて本格的に新羅との友好関係を模索したらしく、すでに触れたように四八一年には、高句麗の新羅侵攻を高霊《コリヨン》の大加耶とともに防いでいる。

四八四年にも新羅北方に迫る高句麗軍の撃破に加担し、翌年には新羅との修好を求める使者まで派遣した。四九三年にそれが婚姻同盟にまで発展する。

一方、倭の新羅との関係をみるならば、史料から友好的、連携的と呼びうるような状況をとても想定できない。『三国史記』新羅本紀が記す新羅の倭人との交戦・対立は、四七五年以後でも、四七六年・四七七年・四八二年・四八六年・四九三年・四九七年・五〇〇年と多い。これをすべて倭王の兵とできるかどうかは異論があるが、『書紀』もまた、雄略の時代は新羅との対立関係を伝えることで一貫しており、『三国史記』と一致する。対新羅外交では、倭と百済の間に落差のあったことは確実である。

以上のように、高句麗との激闘で危機に瀕した百済は、東城王の時代、対高句麗戦略においては倭だけでなく新羅とも連携する政策をとっていた。しかもこの頃、高霊の大加耶までも新羅へ接近しつつあった（田中俊明・一九九二年）。ところが、倭王権は百済の支援・連携に強く傾いたまま、対新羅政策では百済と歩調を合わせることができなかった。倭が即位を支持した東城王が新羅との連携を積極的にすすめていたにもかかわらずである。加耶南部の混乱を受け、百済との連携をより重視しはじめた倭王権は、武の時代以降、その百済の弱体化に直面しても、これ以外の国際交流の選択肢を十分描けないでいたことになる。しかし、ただでさえ政変の続く不安定な百済王権である。倭国にとってもその外交の舵取りは困難を極めたと想像される。

王権をまたぐ人々

それでは、対高句麗の姿勢を見せて百済や加耶地域と接近しはじめた成長著しい新羅と、なぜ倭国は連携できなかったのであろうか。

『書紀』允恭《いんぎょう》四二年条は、允恭の死を受けた新羅の弔使を、倭飼部《やまとのうまかいべ》の讒言《ざんげん》を入れた大泊瀬皇子《おおはつせのみこ》（後の雄略大王）が禁固したため、新羅人たちが大いに恨むようになったという伝承を載せる。『三国史記』新羅本紀も、済《せい》王と興《こう》王の交替時期にあたる四五九年から四六三年の間、ほぼ連年のように倭人の攻撃にさらされていたことを記している。前述のようにこの頃の倭国には、加耶南部を介して新羅に引き寄せられた有力首長層と大王との間に激しい対立があったから、大王交替の時期にこうした動きを牽制《けんせい》しあって新羅と倭が衝突することもあったと考えられる。そしておそらく、加耶南部諸国と緊密な関係を保った葛城《かつらぎ》・吉備《きび》などの政治勢力の衰退が明らかになってもなお、この矛盾はつづいていた。六世紀に入っても倭人と加耶南部地域の人々との交流は絶えることなく、その関係はむしろ複雑さを増していたのである。

『書紀』継体二四年（五三〇）九月条によれば、「日本人」と「任那人」との間にできた子供の所属をめぐり、両者の間に争いが絶えないことが記されている。また同条は、「任那」にある吉備韓子那多利《きびのからこなたり》・斯布利《しふり》が倭王派遣の将近江毛野臣《おうみけなのおみ》と対立し、殺害されたことも伝え、「韓子」とは「大日本人」が「蕃女」を娶《めと》って生んだ子のことであるとわざわざ注記している。したがって、那多利と斯布利は、五世紀末か六世紀初頭に加耶南部へ渡来した吉備氏と現地の「任那人」との間に生まれた兄弟とみられる。吉備と加耶南部とのかかわりは、五世紀を引き継いで六世紀にも維持されていた。このような「国際結婚」によって生まれた人々は、父方・母方に両属し、倭人と加耶人をまたぐ人々となっていた。

同じ頃、安羅《あら》の「日本府《やまとのみこともち》」で、その実務を実質的に担ったとされる河内直《かわちのあたい》・阿賢《あけの》移那斯《えなし》・佐魯麻都《さろのまつ》らが、新羅王権への接近を強め、倭・百済両王権に警戒されていた。「日本府」とは『書紀』編纂段階の表記であり、当時は「在安羅諸倭臣」といわれて、倭王権からの派遣官のことを指したとみる説が有力である。このうち、河内直は倭王権から派遣された「倭臣」とみられ、他の二人は現地在住のスタッフである。彼ら三人の系譜は『書紀』欽明五年（五四四）二月条が引く『百済本記』などに詳しく、そこから三人はいずれも祖父が任那左魯那奇他甲背《みまなのさるのなかたこうはい》、父は加猟直岐甲背鷹奇岐弥《かろうじきこうはいのようがきみ》と共通の出自を持つ者たちであったと推定されている。左魯麻都は「韓腹」とされていて、母が韓人であった。その祖父・父の複雑な称号の解釈とともに、彼らの出自の詳細についてはなお見解が分かれるが、鈴木英夫のいうように、祖父の任那左魯那奇他甲背は百済に臣従した加耶の首長、父の加猟直岐甲背鷹奇岐弥は百済と倭に従属した加耶の首長で、父が河内に一時滞在した時にもうけたのが河内直、加耶に戻ってもうけたのが移那斯と麻都であったとみるのが妥当であろう（『古代の倭国と朝鮮諸国』青木書店、一九九六年）。その後、河内直は倭臣として加耶に派遣されたと推察される。

　しかし、加耶に渡った河内直はそこにある異母兄弟の二人に導かれ、同じく倭王権の派遣した倭臣的臣《いくはのおみ》・吉備臣らとともに新羅を往来するようになる。もちろん、その越境的な国際性は、倭・百済両王権とも関係を結んだ父・祖父の代まで遡る。六世紀初頭前後からの加耶には「国際結婚」を繰り広げ、複数の王権と多重に結び付く人々の姿があった。『書紀』が後に「日本府」と表現したものの内実も、こうした越境的ネットワークを前提として機能するものであって、

図7　加不至費直らの系譜

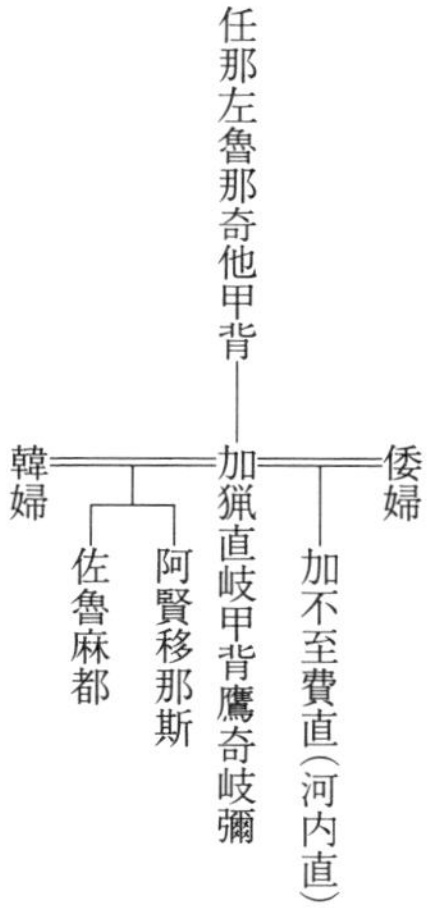

倭王の一元的支配に組み込まれたものではなかったのである。

ところで、この三人の祖父の任那左魯那奇他甲背は、『書紀』顕宗三年是歳条にもみえている。すなわち、紀生磐《きのおいわ》が「任那」を股にかけ高句麗と通交した際、それに同調した那奇他甲背は帯山城《しとろもろのさし》を築いて「東道」を塞ぎ港を占拠した。これに怒った百済王は、軍を派遣して彼らを排したという。ただし、この記事の実際は五二九年頃の百済と高句麗の衝突にかかわるものとみるのが正しかろう（山尾幸久『日本古代王権形成史論』岩波書店、一九八九年）。この頃、当地の倭人や加耶人のなかには、倭や百済の外交戦略から離反し、新羅だけでなく高句麗とまでつながる者も現れていた。

倭王権が、新羅となかなか連携できない要因の一つもここにあったと思われる。地域首長が加耶南部を介して新羅と結び、大王と対決する動きは、五世紀半ばからはじまる。済・興・武の諸王が、対百済・対宋外交を利用し、その勢力の封殺に大きなエネルギーを注いだことも、前述のとおりである。しかし、その後も倭と加耶南部との地域間交流は依然根強く残されていた。加耶南部で錯綜するこの越境的なネットワークが、四七五年以後の東アジアの混乱を契機とし、再び新羅や高句麗との個別的な結び付きに発展し、時に倭王の外交を阻害していたとみられる。百済と連携する倭王にとって、個別化した新羅ネットワークが扱いにくいものであることは、五世紀末以後も変わりなかったのである。右のような国際的な多重結合の進展は、当時の王権外交の構造とも無関係ではない。すなわち、こうした複数王権と多重に結合する人々には、王権外交をその現場において担うことが期待されていたのである。その側面は特に百済をみることによって明らかとなる。六世紀前半に倭や加耶への政治的・軍事的交渉で活躍する「倭系百済官人」がそれである（笠井倭人『古代の日朝関係と日本書紀』吉川弘文館、二〇〇〇年）。

「倭系百済官人」

ただし、史料ではそれと同類型がすでに五世紀後半の百済の木満到《もくまんち》にみえているように思う。『書紀』応神二五年条が引く『百済記』によれば、満到は百済の将木羅斤資《もくらこんし》が新羅攻撃を行った際、「其の国の婦《をみな》」を娶って生まれた子で、父の功績で「任那」を専《もつぱ》らとし、後に百済に入り倭国にも往還して、百済政界の中枢にのぼった人物である。この木満到は、四七五年の高句麗による百済攻撃で、文周《もんす》王とともに漢城《かんじよう》をすてて南行する『三国史記』百済本紀の「木劦満到《もくらいまんち》」と同一人物とみられるが、田中俊明は満到が父の功績で「任那」を専らとしたとする話には作為を疑う（田中俊明・一九九二年）。ただし、田中の想定するように父木羅斤資の新羅攻撃が、四二九年に加耶南部の一国卓淳《とくじゆん》を拠点に行われたとするならば、新羅攻撃時の「其の国の婦」も加耶南部の女性の可能性を考えてよいのではなかろうか。百済の将と加耶南部の女性との間に生まれた満到が五世紀半ばには「任那」の政治にかかわり、その後百済に入って倭とも交流したとみるならば、「国際結婚」をともなう加耶南部の複雑な政治関係は五世紀半ば前後にまで遡ることになる。まさに、加耶ネットワークの錯綜のなかで、倭国の外交が混乱しはじめた時代である。

その後、六世紀に入ると、百済官人のなかに紀臣奈率弥麻沙《きのおみなそちみまさ》や日羅《にちら》など、百済・倭の両地域を結ぶ外交で活躍する「倭系百済官人」が目立つようになる。

弥麻沙は、紀氏と「韓《から》の婦《をみな》」との間に生まれた子で、そのまま百済にとどまり百済官人となった人物である（『書紀』欽明二年七月条）。安羅「日本府」の河内直ら三兄弟が新羅へ接近するのを警戒した百済は、その打開策のために彼を安羅や倭国に派遣した。弥麻沙の血脈に刻まれた紀氏と韓人の両ネットワークを期待してのことだろう。

日羅の場合は、父親の素性がさらにはっきりとしている。彼の父は肥の葦北国造《あしきたのくにのみやつこ》の阿利斯登《ありしと》で、大伴金村《おおとものかなむら》の命を受け朝鮮半島へ渡った人物である（『書紀』敏達一二年是歳条）。したがって、日羅も、弥麻沙のように朝鮮半島へ渡来した倭人の父と韓人の母の間に生まれた子で、そのまま朝鮮半島にとどまり百済官人となった者であろう。しかし日羅は、百済官人であるにもかかわらず、次第に倭王権へ吸い寄せられてしまう。すなわち、加耶問題とかかわり敏達一二年（五八三）に倭が百済から日羅を招聘しようとしたとき、彼は百済王の許可を無理矢理取り付けて来倭したのである。大伴金村を「我が君」とよび、その滞在中も大伴氏の糠手子連《あらてこのむらじ》の世話を受けた日羅は、父の大伴氏との関係をそのまま相続していた。こうした人々は、出自などを利用し、複数の王権と結合することによって王権間の橋渡しの役を果たしたが、一方で両属する王権の相互関係に齟齬《そご》が生じると、その矛盾を一身に背負うことにもなってしまった（田中史生・一九九七年）。倭王権と百済王権の狭間で揺れた日羅も、結局、百済側の手にかかり暗殺されてしまう。

この他、「倭系百済官人」には斯那奴《しなの》（科野）姓や物部《もののべ》姓の者も散見される。彼らは、五世紀代に朝鮮半島とさかんに交流を行った列島諸地域を出自に持ち、その地域間交流を六世紀に継承して百済と結びついた人々だったといえる（田中史生・二〇〇二年a）。

以上のように、もともと多元的であった列島と半島の交流ラインは、この頃から百済を大きく巻き込んで複雑さを増していた。そこには、四七五年の高句麗による百済攻撃以後、百済が混乱しつつ南進し、倭も百済王権に対し積極的な人的支援を行ったという王権外交の展開が影響していたとみられる。対高句麗戦略において百済は新羅とも連携を強化しつつあったから、百済・新羅・倭に囲まれた加耶は、まさに様々な政治関係が交わる交差点として、国際政治上の意味を高めていたことが予測される。

ところで、最近注目を集める韓国全南《チヨルナム》地方の前方後円墳も、その出現期が五世紀末とされることから、右の問題と関係する考古資料の可能性が高い。

全南地方の前方後円墳

現在までのところ、栄山江流域やその周辺には五世紀末から六世紀前半の前方後円墳とされているものが一三基ほど確認されている。またこれらの多くに、北部九州・有明《ありあけ》沿岸地域の影響、あるいは百済の影響が指摘されている。しかし、その評価については、ここが当該期にすでに百済の支配領域内であったとみるか、あるいは倭や百済の影響を受けながらもそれとは別の自立的な勢力であったとみるかで異なってくる。これと連動し、前方後円墳の被葬者像も、倭人説・百済官僚説・在地首長説が入り乱れる（『前方後円墳と古代日朝関係』同成社、二〇〇二年参照）。

ただし、前方後円墳の多くに北部九州・有明沿岸地域の影響が指摘されること、またこれが百済の熊津《ゆうしん》遷都以後突如として登場することなどから、少なくとも先にみた倭と百済の関係と何らかのかたちで関連する資料とみるのが自然であろう。すなわち、東城王の即

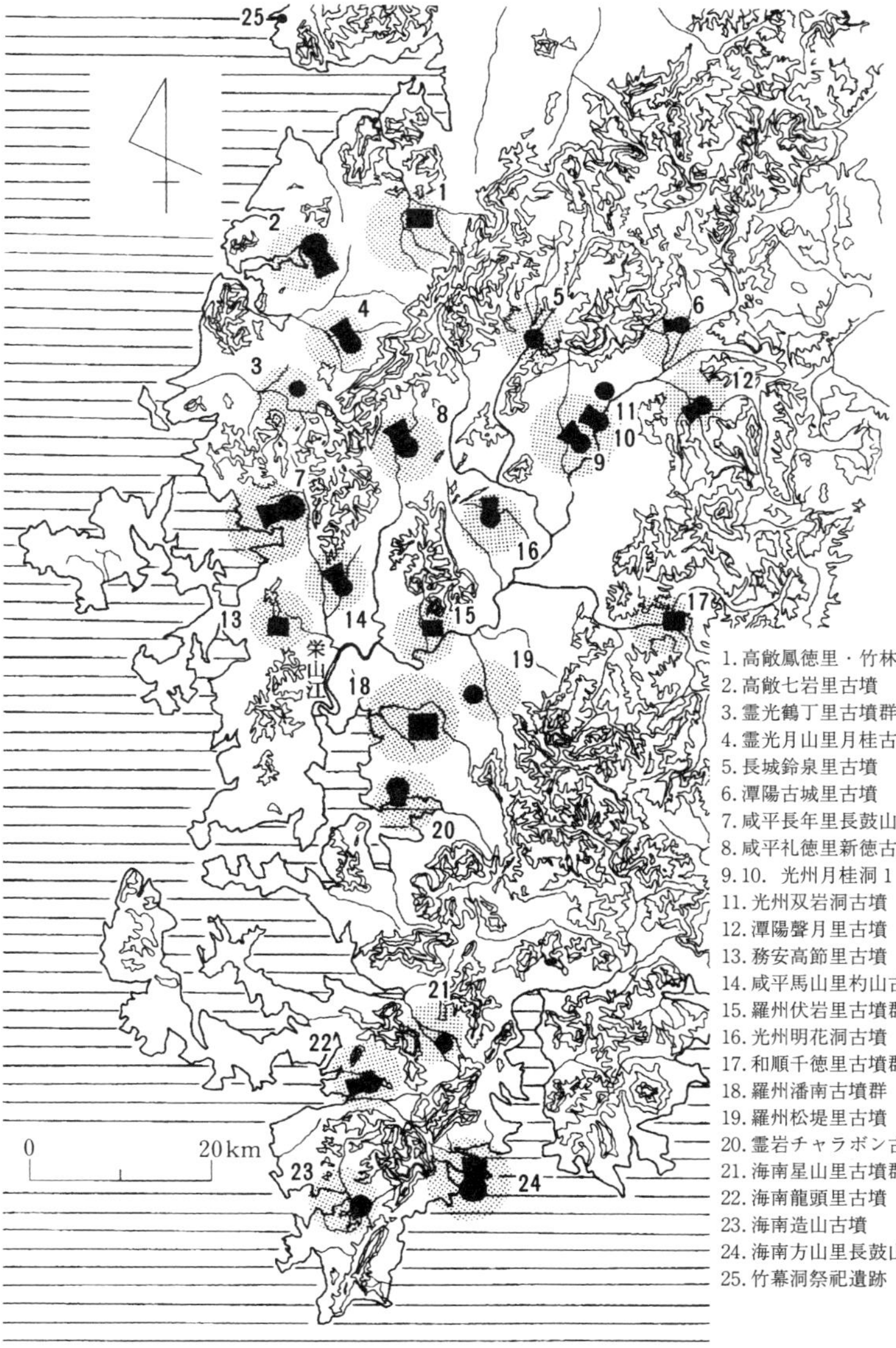

1. 高敞鳳徳里・竹林里古墳群
2. 高敞七岩里古墳
3. 霊光鶴丁里古墳群
4. 霊光月山里月桂古墳
5. 長城鈴泉里古墳
6. 潭陽古城里古墳
7. 咸平長年里長鼓山古墳
8. 咸平礼徳里新徳古墳
9.10. 光州月桂洞１・２号墳
11. 光州双岩洞古墳
12. 潭陽聲月里古墳
13. 務安高節里古墳
14. 咸平馬山里杓山古墳群
15. 羅州伏岩里古墳群
16. 光州明花洞古墳
17. 和順千徳里古墳群
18. 羅州潘南古墳群
19. 羅州松堤里古墳
20. 霊岩チャラボン古墳
21. 海南星山里古墳群
22. 海南龍頭里古墳
23. 海南造山古墳
24. 海南方山里長鼓山古墳
25. 竹幕洞祭祀遺跡

図８　韓国全南地方の古墳の分布（朴天秀「栄山江流域における前方後円墳の被葬者の出自とその性格」『考古学研究』194号より）

位に際し、筑紫の軍がかかわっていたと伝える『書紀』の伝承は、無視しえないのである。しかしそれとともに、吉井秀夫が指摘するように、前方後円墳を構成する要素が、倭系だけでなく、在地系・百済系・加耶系のものを含んでいること、言い換えれば被葬者が在地勢力や周辺の諸勢力と多様な関係を結んでいたらしいことにも注目する必要がある（「朝鮮の墳墓と日本の古墳文化」『日本の時代史』2、二〇〇二年）。

五世紀末の百済が、当地を支配領域として直接組み込んでいたとみることに否定的な研究者も、前方後円墳築造期の当地に、南進を開始した百済の政治的影響力が増していたことはほぼ認めている。もともと、栄山江流域は五世紀中葉前後からの倭と百済の連携強化にあって、近畿へ渡来する者が増え、あるいは陶邑《すえむら》に須恵器《すえき》工人を送り込んだ地域である（酒井清治『古代関東の須恵器と瓦』同成社、二〇〇二年）。ここでは、五世紀中葉に遡り、百済や倭との関連が想定できる遺物もいくつか確認されている。その頃から、当地には百済・倭と関係を持つ人々が登場していたのである。ところが、四七五年の百済王都漢城の陥落、以後の熊津遷都、倭王権による東城王の支援が、全南地方に倭人・百済人も入り交じる状況を一気に進行させることになったと想像される。その際、かつてから百済・倭の双方と関係を築いていた人々が、全南地域の政治において、その位置を急激に上昇させた可能性は高いと思う。これが、多様な関係を遺物に包摂する前方後円墳の登場につながったのではないかと推測する。しかし、後述の磐井の乱による九州勢力の変動や、百済の五三八年の泗沘《しひ》（扶余《ふよ》）遷都にいたる支配強化が、当地の倭・百済両ネットワークのバランスを再び変動させてしまったのであろう。これが多重結合者の政治的位置を短命に終わらせた原因ではなかろうか。この一部は、影響力を強めた百済王権に取り込まれ、百済官人となったことも予想される。当地の社会段階、政治状況については、まだ検討すべき課題が山積みだが、突如出現したといわれる全南地域の前方後円墳は、ひとまずそう考えて矛盾しない要素を多く備えている。議論になっているその出自や政治関係すら、どちらということではなく多元的であった可能性を考えておくべきであろう。

定着と対立

秦氏と漢氏

以上のように倭国の六世紀は、高句麗《こうくり》南進の圧力で百済《くだら》も南進するという混乱・玉突き状況のなかで幕をあけた。そしてその前後から、倭国では渡来系氏族のなかでも「雄族」「双璧」などと評される秦《はた》氏・漢《あや》氏が成長する。この両者のうち、先にその組織化をすすめたのは漢氏の方であったらしい。

『書紀』雄略一五年条は、この時有力な「臣連等《おみむらじら》」に私的に駆使されていた秦の民を雄略天皇が集めとり、秦造である秦酒公《はたのさけのきみ》に与えたと伝える。これによって、酒公は「百八十種勝《ももあまりやそのすぐり》」を率いて租税の絹を朝廷に山積みにした。また同一六年条にも、雄略天皇が漢部を集めてその伴造《とものみやつこ》の者を定めよと命じたとある。いずれも氏族伝承をもととする記事だから、これに依拠して実年代を考えることはできないが、実際に五世紀後半の王権が渡来系技術者の編成を積極的に行っていたことは既述した。加えて、考古学においても東漢《やまとのあや》（倭漢）氏の拠点のあった大和国高市郡檜前《ひのくま》・今来《いまき》地域の渡来系の痕跡は五世紀後半に遡るから、少なくとも東漢氏についてはその原型がこの頃生まれたとしてよいだろう。こうした事実も踏まえて、加藤謙吉は、大王宮が磐余《いわれ》地方に固定される雄略期に、その近傍の檜前・今来の地で、加耶《かや》南部の安羅《あら》出身者などを中心に東漢氏が組織されたと理解する（加藤謙吉・二〇〇二年a）。

ところが、秦氏の成立については、それを五世紀後半以前に遡らせる積極的な根拠が乏しい。『書紀』や『古事記』は応神《おうじん》天皇の時代に秦氏の祖が渡来したと伝えるが、これはこの頃の渡来を伝える東漢氏に秦氏が対抗した恣意的な物語と理解されている。その後の秦氏の活動を伝えるものとして雄略期の秦酒公《さけのきみ》が登場するが、朝廷の財政を支えるその人物像は、後の欽明《きんめい》期に「大蔵省」を拝したとされる秦大津《おおつち》父伝承の影響が濃厚である。考古学でも秦氏の本拠とされる山背《やましろ》地域に、檜前・今来地方と同様の状況は報告されていない。秦氏の成立を伝承にしたがって五世紀後半以前に遡らせるのは難しそうである。

ただし、秦氏がもともと有力首長のもとにあり、その後王権により編成されたとする雄略一五年条の話は、これと対応するような事柄が実際に五世紀末から六世紀初頭にあったと考えられている。平林章仁は、葛城《かつらぎ》氏のもとにあった渡来系の人々が、五世紀末から六世紀初頭の葛城氏の全面的崩壊にともない、王権に編成されて山背などに移配されたことを指摘した（『蘇我氏の実像と葛城氏』白水社、一九九五年）。すでに登場していた東漢氏も、前述の東漢氏系の四邑《よつのむら》の漢人伝承から窺われるように、葛城の首長のもとにあった渡来系の人々をある段階でその内部に組み込んだらしい。葛城氏の衰滅にともない、その配下にあった渡来系技術者を吸収するかたちで、東漢氏の組織も拡充されていったのであろう。考古学からは、葛城氏直営の複合的な生産工房が解体した後、それが再編されて鍛冶《かじ》集団が存続するといった見通しも提示されている（坂靖「古墳時代における大和と鍛冶集団」『橿原考古学研究所論集』一三、一九九八年）。当該期の王権による渡来系技術者の取り込みは、有力首長のもとにあった彼らを直接吸収・再編してまで実現されていた。六世紀初頭前後に登場した秦氏も、もとをたどれば五世紀の渡来人に行き着く者が少なくないということである。漢氏や秦氏の組織化は、王権による最先端技術の導入というより、まずは五世紀以来の渡来系技術の再生産に重きを置いたものであった。

ところで、先に触れたように、『書紀』は吉備氏反乱伝承の中核ともいうべき星川《ほしかわ》皇子の反乱が、雄略死後に起こったとする。ここには『書紀』編者による二次的修飾も加わっているようだが、その話は欽明期頃に編纂された帝紀に所載されていたとみられている（大橋信弥『古代日本の王権と氏族』吉川弘文館、一九九六年）。それによれば、これを鎮圧したのは大伴室屋《むろや》と東漢掬《つか》で、敗北した吉備氏はその管掌下にある山部が奪われた。ここでも雄略死後の混乱のなかで有力首長が完全に衰退し、傘下の生産民が王権に取り込まれる。吉備の大古墳が途絶するのもこの時期である。

陶人編成以降急速に渡来系要素を薄めた陶邑の須恵器も、これが完全に「倭様式」化するのは五世紀末のことであった。須恵器の生産技術は王権の工房にほとんど根付いたのである。同じ頃、河内《かわち》の鍛冶工房も特定工房へ再編された可能性が指摘されている（花田勝広・二〇〇二年）。倭国をとりまく国際環境がさらに厳しく変動するなか、武の後の王権もこれまで以上に強力に有力首長を押さえ込み、渡来系技術の編成を推しすすめて、その内部に技術の拡充・定着を目指していたことは間違いない。その意味で、『書紀』が五世紀と六世紀の境目にあった武烈《ぶれつ》大王を、雄略に似た暴虐な王と伝えたのは示唆的である。しかし、それが武王の時のようにただちに倭王権の求心力をもたらしてはくれなかった。

その一因は、五世紀に由来する渡来系技術の定着が王権の工房にとどまらず、地方でも起こっていたことによる。例えば須恵器生産では、五世紀末以降、陶邑窯の地方への影響力が徐々に間接的なものにとどまるようになる。特に、六世紀に入るとそうした窯の数は各地で増加した（植野浩三・一九九八年）。鉄器についても、鉄鏃《てつぞく》の研究を参照するならば、やはり五世紀末から六世紀初頭以後に地域性が明確に現れてくるという（尾上元規「古墳時代鉄鏃の地域性」『考古学研究』一五七、一九九三年）。鉄鏃の生産はそれ以前から吉備などでも行われていた可能性があるが、近畿を中心とする鉄鏃の斉一性はこの時期に崩れてしまったらしい（水野敏典「古墳時代中期における鉄鏃の分類と編年」『橿原考古学研究所論集』一四、二〇〇三年）。

技術の定着

こうした各地の渡来系技術の定着に、新たな渡来者などによる列島外からの直接的影響が指摘されることはほとんどない。したがってその契機は、これまでの王権の分配構造が与えていたとしなければならない。五世紀後半の倭王権は、外交・交流のネットワークで優位な立場を背景に、窖窯《あながま》生産技術の分野などで「技術革新」の中核的存在となる一方、それら技術・情報・生産物は技術者派遣も含めて各地に贈与しつづけた。こうした「技術革新」も五世紀末までに一段落し、六世紀初頭前後からはこれらのいくつかが地域に根をおろしたということであろう。当時の各地首長層が生産技術や技術者をどう編成・維持していたかは、その具体像がほとんど解明されていない。しかし、基本的には須恵器・鉄器などの生産が地域の首長層によって管理され、彼らのもつ交易機能のなかで維持されるようになったとみてよかろう（浅香年木『日本古代手工業史の研究』法政大学出版局、一九七一年）。大王のもとに集う各地の首長は、「人制《ひとせい》」にみる生産組織の編成、再生産の方法、情報も、王権から学ぶ機会を持っていたであろう。

ただし、手工業生産技術が一応の「技術革新」を終え、そのまま各地へ定着するならば、もともと外交と渡来人に依拠した新技術の分配によって求心力を維持した王権の存在意義は、厳しく問われることになるだろう。そして、王権の分配構造の行き詰まりは、それに依拠して維持された各地首長層の権威をも揺さぶる可能性を持つ。五世紀末以降の須恵器窯の拡散は、この生産の掌握主体が中小豪族まで広がったことを示すとともに、須恵器自体も広く流通し普及しはじめたことを指し示すという（植野浩三・一九九八年）。技術の定着・普及は、「技術革新」が首長層に与えてきた権威が消費し尽くされたことを暗示する。

実際、この時期の古墳の様相からは、旧来の大首長・中小首長の没落と、新興中小首長層の台頭が看取されるという（和田晴吾「古墳時代は国家段階か」『古代史の論点』4、小学館、一九九八年)。『書紀』が継体没後の安閑元年(五三四)に起こったと伝える「武蔵国造《むさしのくにのみやつこ》の乱」も、上位首長の統治下にいた首長が、そこから自立・抵抗をこころみたものであった(佐藤長門「倭王権の列島支配」『古代史の論点』4、小学館、一九九八年)。

磐井の乱

この時代の王権の動揺と朝鮮半島情勢とのつながりは、六世紀前半の磐井《いわい》の乱によく現れている。

磐井の乱に関する『書紀』の記事によれば、それは継体二一年(五二七)に起こり、翌年末に終息した。その発端は、近江毛野臣《おうみけなのおみ》が六万の兵を率いて「任那《みまな》」におもむき、新羅に破られた南加羅《ありひしのから》・喙己呑《とくことん》を再興して「任那」に合わせようと計画したことにはじまる。南加羅とは金官国のことで、喙己呑はその西側に接していたとみられている。これに対し、新羅はかねてから謀叛を企てていた筑紫国造《つくしのくにのみやつこ》の磐井のもとに「貨賂《まいない》」を贈る。それを受けた磐井が火《ひのくに》・豊《とよのくに》の二国にも勢力を張って、倭国と朝鮮諸国の海路を遮断した。このため毛野臣は前進を阻まれてしまったのである。そしてその翌年、継体大王《けいたい》の命を受けた物部麁鹿火《もののべのあらかび》がようやく磐井の軍を鎮圧した。磐井の息子葛子《くずこ》は父に連座し罰せられるのを恐れて、糟屋屯倉《かすやのみやけ》を献上し許しを請うたという。

しかしこの年次の実際については山尾幸久が指摘するように、「辛亥《しんがい》の変」ともかかわってこれを三年後ろにずらすべきである。「辛亥の変」とは、継体死去を伝える『書紀』継体二五年（五三一）条が引く『百済本記』の「又聞く、日本天皇及び太子皇子、倶《とも》に崩《かん》薨《あが》りましぬ」という奇怪な記事、あるいは『書紀』『古事記』その他の史料にみられる年紀のズレなどから導き出されるもので、継体没後に王位継承をめぐる抗争があったとみるものである。山尾は、その年紀のズレが磐井の乱をめぐる記事にも及んでいるとした。そして磐井の乱は、新羅が五二九年に加耶東南地域へ軍事圧力を強めたため、大加耶王が新羅王との盟約を破棄し倭王へ軍事支援を要請したところ、新羅側についた磐井がその支援を妨害した事件だと解釈した（『筑紫君磐井の戦争』新日本出版社、一九九九年）。

筑紫だけでなく、火《ひ》・豊《とよ》にも勢力をはった磐井は、九州北部・有明沿岸部の影響が指摘される韓国全南地方の前方後円墳をつくった勢力と無関係ではあるまい。その前方後円墳からは大加耶系と判断される文物も出土するから（朴天秀「栄山江流域と加耶地域における倭系古墳の出現過程とその背景」『熊本古墳研究』創刊号、二〇〇三年）、磐井は大加耶とも接触する環境にあったと推定される。その大加耶は五二二年に新羅と婚姻同盟まで結んでいる。すなわち、磐井と新羅の接近は、五二〇年代にはすでにこの全南地方を舞台に大加耶を介してつくられていたのではないかと思われる。大加耶・新羅両者の同盟が決裂し、戦闘を交えるに至り、磐井は大加耶や大王とは別の道を選択したということになろう。

筑紫・火の首長層はもともと東城《とうせい》王即位を支援する雄略の外交を支えていた。その後、継体王権の政策も支えていたとする見方が一般的である。五世紀末から六世紀初頭の時期、奈良盆地を中心に近畿圏に盛んに運び込まれた阿蘇《あそ》のピンク石製石棺《せっかん》がそれを傍証する。『書紀』も磐井が継体の大王宮に仕えていたことを伝えている。ところが、葛城・吉備の勢力にかわるかのように王権外交を支えつづけた勢力の大きな一郭が、六世紀前半には倭王権を見限ってしまったのである。これにほぼ時期を同じくして「辛亥の変」も起こった。倭王権の求心力の低下は、すでに誰の目にも明らかであったろう。

継体大王と河内馬飼部

ところで、磐井の乱による混乱のなか死去したとみられる継体大王自身も、渡来系の人々と深い関係にあった。『書紀』継体即位前紀は、群臣が越前三国にある継体のもとに使者を派遣し即位を求めた際、使の意図を疑った継体が、旧知の河内馬飼首《かわちのうまかいのおびと》荒籠《あらこ》から群臣の真意を伝え聞き、ようやく群臣の要請を受け入れたとする。

渡来系とみなされる河内馬飼部は、河内を中心に馬の飼育を行った馬飼系諸氏の一つで（加藤謙吉・二〇〇二年b）、馬引として交通などにかかわったが、近江毛野臣の従者として加耶と倭の間を往来したり、外交使節を接待する穴門館《あなとのむろつみ》を修治するなど、近江の首長との関係を深めつつ、水上交通を含む対外交通の場にも活動の場を広げていた。継体王権を支えたのが、琵琶湖《びわこ》・淀川《よど》を媒介とした首長間交通であったことはよく知られているが、近江・越前を地盤とする即位前の継体が、河内を拠点とする渡来系の人々と結び付いたのも、このルートを通してのことであろう。

右の水上交通ルートは、継体即位後も、外交で重要な役割を果たした。すなわち、『書紀』継体二四年（五三〇）一〇月条は、継体の外交を担った近江毛野臣が朝鮮半島からの帰路、対馬《つしま》で病死し、その遺体が河を遡り近江に入ったと伝える。その時彼の妻は「枚方《ひらかた》ゆ、笛吹き上《のぼ》る、近江のや、毛野《けな》の若子《わくご》い、笛吹き上る」という歌を詠んだ。これは、毛野臣の妻が夫の遺体を乗せた外航船を枚方の川津で迎え、そこから遺体を川船に移して近江の本拠に戻っていったことを示すものとみて良いであろう（森田克行「継体大王の陵と筑紫津」『継体大王とその時代』和泉書房、二〇〇〇年）。継体王権を支える近江毛野臣などの首長層にとって、淀川河口は本拠地と東アジアとを結ぶ重要地となっていたのである。

以上のようにみるならば、継体登場にも、五世紀の王権がすすめた河内開発が大きな影響を与えていたとすべきである。すでに述べたとおり、渡来系の人々を動員した五世紀後半の河内湖周辺開発は、大阪湾沿岸と後背地を結ぶ水上交通の利便性を飛躍的に高め、難《なに》波津《わつ》の発展をもたらした。そして、その直後頭角を現した継体は、即位前から大和の意柴《おし》沙加宮《さかのみや》にあって、百済武寧《ぶねい》王とも関係を結んでいた。この即位前の継体の、大阪湾沿岸地域・大和諸地域・百済王権との人的ネットワークは、難波津につながる広域的な水上交通の存在を前提としてはじめて理解可能となる。要するに継体は、五世紀の王権の遺産を継いで登場した王なのである。その前後に吹き出した王権の構造的矛盾が、結局継体没後に本格的に解決されていくことも、継体王権の史的位置を暗示するものといえるだろう。

渡来人と百済

さて、倭王権には、磐井《いわい》の乱終息後も次々と難題が降りそそぐ。特に加耶《かや》情勢は倭国にとって最悪であった。

加耶の滅亡

百済《くだら》と新羅《しらぎ》の高句麗《こうくり》に対する共同歩調は、表面上、とりあえず六世紀前半代は維持されていたようにみえる。しかし、加耶をめぐる思惑は両者で大きく食い違っていた。磐井の乱の導火線が加耶情勢にあったことはすでにみたが、同じ頃、安羅《あら》は東に接する金官《きんかん》・卓《とく》淳《じゅん》が新羅に呑まれるのを目の当たりにして、百済に援軍を要請している。大加耶の重要な外港で安羅の西方に位置する帯沙《たさ》をすでに押さえていた百済は、この要請に応えることにした。こうして、百済と新羅は、五三〇年代初頭には安羅付近でその東西に対峙することとなったのである。五四一年、百済は新羅と和議を結ぶとともに、加耶諸国の首長や倭王権が派遣した安羅の「倭臣」を喚《よ》んで緊迫した加耶情勢について数度話し合いをもった。しかし、ここでも様々な関係が錯綜する。「倭臣」内部のネットワークの多元性と新羅志向は前述のとおりで、彼らは新羅へ傾く安羅内の動きに明らかに引きずられていた。

その後、『書紀』は欽明一二年（五五一）、高句麗に占領されていたかつての百済王都漢《かん》城《じょう》を、百済が新羅・「任那」の協力を得て奪い返したと伝えている。しかしその翌年、今度はそれが新羅に占拠され、百済は再び後退に追いやられた。これに対応する記事は『三国史記』新羅本紀真興《しんこう》王一二年（五五一）条、同一四年（五五三）七月条にもみえ、右の『書紀』の記事は確かに史実を伝えたものである。これによって、百済・新羅関係の決裂は決定的となり、交戦状態に入る。その後まもなく安羅は完全に新羅に屈したとみられ、安羅の「倭臣」もみえなくなる。さらに五六二年には大加耶も新羅に降伏し、加耶はほぼ消滅した。

加耶南部との関係のなかで揺れ動いてきた倭国の歴史にとって、これは衝撃的な事件であった。それは、国際交流の大きな軸を失ったというだけでなく、滅亡そのものにいたるプロセスが、対岸の火事ではなかったからである。『書紀』欽明五年（五四四）三月条によれば、百済王は倭系百済官人らを倭王のもとに派遣し、安羅の倭臣らの親新羅的活動を非難するとともに、加耶諸国内部の衰亡は在地首長らの他国に通じる「内応《うちあい》二心《ふたごころ》」にあるとの見解を伝えている。『書紀』はこの頃の加耶における百済と新羅の境界のせめぎ合いを、耕作権をめぐる対立として描いていて、加耶在地社会の開発・生産をめぐる矛盾が百済や新羅を招き寄せる遠因の一つとなっていた可能性がある。そして倭国もまた、他国と多元的なネットワークを持ち活躍する首長層を多く抱えていた。これが内部の矛盾と結び付き、王権を分裂させるような事態も、吉備《きび》氏・葛城《かつらぎ》氏・磐井の乱などで経験済みである。すなわち、加耶諸国に衰弱をもたらした同じ断層の上に、倭国も乗っていたのである。

この頃倭国に登場したとみられる世襲王権と群臣による合議制《ごうぎせい》は、おそらく以上の問題とかかわるものであろう。世襲王権のもと有力な氏の代表者（マエツキミ）が合議を行う王権の意志統一システムは、支配者層の諸関係が個別に他王権に取り込まれる状況を牽制《けんせい》しうる性格を持っていた（田中史生・一九九七年）。もちろんこれは倭国だけの問題ではなかったと思われ、新羅や百済の王権支配の強化もほぼ同時に進行している。

倭王権がまだ苦境に立たされていた頃、百済はようやく混乱を乗り切り、武寧王の時代に再び安定を取り戻す。そしておそらく、今度は百済王権が、動揺する倭王権を支えた。『書紀』によれば先述の欽明《きんめい》五年（五四四）の百済からの使者は、「任那若し滅びなば、臣が国孤《ひとり》り危《あやう》し」という百済王の言葉を倭国に伝えている。これは当時の言葉そのままではなかろうが、百済の立場はよく表れている。その百済にとって、親百済の政策をとりつづける倭王権の弱体化も、避けなければならなかった。

五経博士と今来漢人

百済を復活させた武寧王は、早くから有力な大王候補者の一人と目される継体《けいたい》と結び付き、おそらくそれを支援して継体が即位するといよいよ中国南朝梁《りょう》に由来する五経博士《ごきょうはかせ》を贈与しはじめた。倭国には、ようやく最新の渡来文化が再び流入することになったのである。欽明期からはこれに仏教も加わる。五経博士は百済から交替で渡来したように、この先進技能の受容は、繰り返される百済王権の贈与に依存するかたちで続けられた。これが百済側の戦略と結び付く贈与であったことは、すでにみたとおりである。ここで五世紀との比較において注目したいのは、その贈与の多くが手工業生産関連の技術ではなく、王権の支配と結び付く軍事・家政の知識であったことである。それらが彼らの身体を通して、王権中枢にある人々やその子弟に伝達された（新川登亀男・一九九四年）。しかも、これがかつての渡来技術のように、広く各地に分配された痕跡はほとんどない。すなわち、政治力を高める先進知識は、他を圧して王権中枢を構成する人々の身体に蓄えられていたのである。

六世紀の王権は、こうしてもたらされる新たな渡来人・渡来文化を、王権組織のなかに定着させ維持する体制も強化していた。史料は、旧来の漢人に対し、新参の漢人らを「今《いま》来《き》」「新漢《いまきのあや》」と表記する。これについては、六世紀代に百済から学術思想をもって渡来した中国南朝系移民で、主に東漢《やまとのあや》氏に管掌された人々とする見方や（山尾幸久『日本古代王権形成史論』岩波書店、一九八三年）、「イマキ」は手工業技術者・学術思想者のいかんを問わず「旧来」に対して「新来」を指す一般呼称として五世紀後半頃から登場し、そのうち漢氏管轄下に入ったものが今来漢人《いまきのあやひと》を構成したとする見方（加藤謙吉『大和政権と古代氏族』吉川弘文館、一九九一年）などがある。史料にそくせば、少なくとも今来漢人は、中国南朝系の学術思想者だけでなく手工業技術者も含んでいたとする方が矛盾が少ない。しかし、今来漢人の存在を五世紀に遡らせる確実な史料もない。

今来漢人の史料上の初見は、すでにみた『書紀』雄略七年是歳条の吉備田狭《たさ》の物語のなかにあり、それは「新漢」の陶部高貴《すえつくりこうき》・鞍部堅貴《くらつくりけんき》・画部因斯羅我《えかきいんしらが》・錦部定安那錦《にしごりじようあんなこん》・訳《お》語《さ》卯安那《みようあんな》が百済から渡来し、その居住を東漢直掬《つか》が世話したとするものである。しかし、これが吉備氏反乱伝承とかかわり、田狭の物語と強引に結合されていることは既述した。ならば、『書紀』雄略七年是歳条本文の「新漢」が、これ以後のいつから活動が記録されているかを追うと、鞍部・錦部が六世紀後半の敏達《びだつ》期で、「新漢」を姓に冠す人々にいたっては七世紀初頭の推古《すいこ》期に遣隋学問生《けんずいがくもんしよう》・留学僧《るがくそう》、あるいは伎楽舞《ぎがくまい》の伝習者としてようやく登場する。五世紀の史料が伝承する今来漢人の活動の実際は、少なくとも六世紀以後に中心があるようだ。この点を百済の制度との比較から、さらに考えてみたいと思う。

今来漢人と百済の制

四七五年の百済王都漢城の陥落が、百済から倭への渡来人を増やしたらしいことは、百済典型土器が五世紀後葉の一時期だけ列島に登場するという現象によっても推測できる（臼井克也「土器からみた地域間交流」『検証　古代日本と百済』大巧社、二〇〇三年）。多くが百済系を称する今来漢人に、この時期の渡来人を祖とした人々が含まれていたとしても不思議ではない。今来漢人にちなむ名を地名とする今来への渡来系の移住も、既述のように五世紀後半に遡る可能性がある。

そもそも、新来の技能者が王権と関係を持つこと自体は、倭国の時代に一般的にみられたことである。その意味での「今来漢人」ならば、史料で確認されなくとも、確かに漢氏が出現した五世紀後半以後ならば登場しうる史的条件があったとすべきであろう。しかし、今来を取り込んだ漢氏が、後の律令国家においても、部民《べみん》制の系譜を引きつつ諸官司の工房に出仕した品部《しなべ》・雑戸《ざつこ》としてみえることに着目するならば、今来漢人を抱える漢氏組織の画期性は、単に「イマキ」を組み込んだからというだけでは済まされない。

　これまでの研究では、令制品部・雑戸制の前提となるべきその前身組織は、百済の内官《ないかん》制の影響を受けて、五世紀末から六世紀頃成立したのではないかとされてきた（平野邦雄『大化前代社会組織の研究』吉川弘文館、一九六九年）。そしてこれが、五世紀の「人制」を六世紀の部民制に発展・拡充させる契機になったとする見方が有力である。『周書』百済伝によれば、百済の部司《ぶし》制は各「部司」による衆務分掌組織であったらしく、そこに「内官」一二部司と「外官《げかん》」一〇部司が列挙されている。「内官」には刀部・木部・馬部など令制品部・雑戸に類似するものがあり、品部・雑戸のもととなった、今来を擁する漢氏組織が、百済の制の影響を受けて成立した可能性は高い。したがって、百済の部司制の成立時期は、今来を抱えた漢氏組織の画期を考えるうえでも重要となるが、それがどこまで遡るかとなると実際は判然としない。武田幸夫は「内官」の各部司を管轄する官職にあったとみられる者が『書紀』の顕宗《けんぞう》期・欽明《きんめい》期・皇極《こうぎょく》期に登場することから、六世紀を前後する時期のことと推定している（武田幸男「六世紀における朝鮮三国の国家体制」『東アジアにおける日本古代史講座』4、学生社、一九八〇年）。

そこで、部司制成立期の上限の目安をまずは五世紀末の顕宗期に置くとすると、その根拠は、すでにみた『書紀』顕宗三年是歳条の紀生磐《きのおいわ》の高句麗通交記事のなかにある。すなわち、これを鎮圧に向かう百済「内頭《ないとう》」の莫古解《まこげ》がそれにあたる。ところが、この記事は前述のように実は五二〇年代末の事件とかかわるとみられる。莫古解は『書紀』継体一〇年（五一六）九月条の「百済灼莫古将軍」、『三国史記』百済本紀聖王七年（五二九）一〇月条の「左平燕謨」と同一人であろう。このように、現存史料は百済部司制の存在を窺わせるものが五世紀に遡らない。このことから、その影響を受けたとみられる令制品部・雑戸制の前身としての漢氏の組織も、その成立を五世紀代に遡らせることは難しく、少なくとも六世紀前半から半ばまでは下らせた方がよい。この点で、「今来」の語が『書紀』欽明七年（五四六）七月条に「倭国今来郡《やまとのくにのいまきのこほり》」として初見するのは留意される。この頃、すでに当地にあった「イマキ」らを漢氏に再編して「イマキのコホリ」もつくられたのではなかろうか。

なお百済の部司制には、「内官」に功徳部（仏教寺院関連）・薬部（薬物医療関連）・法部（礼義関連）、「外官」に司徒部（学問教育関連）・点口部（戸籍徴発関連）・日官部（天文占術関連）などがあり、これはいずれも百済が五経博士などを通じて倭国に贈与した先進知識と深く関連する。したがって渡来の五経博士らもおそらく百済の部司と関係を持ったとみられ、その博士のなかには百済の官位を持つ者もある。官位を冠す博士が確認されるのは、『書紀』欽明一五年（五五四）二月条からであるが、当条で特に注目すべきは「五経博士王柳貴《おうりゆうき》を固徳《ことくめ》馬丁安《ちょうあん》に代ふ」とする一文であって、ここでは先に渡来の王柳貴に百済の官位が記されず、この時渡来の馬丁安にのみ「固徳」という百済の官位が付されている。同条文内で馬丁安が官位を冠しているのに王柳貴に官位が記されないのは、王柳貴に官位がなかったからとみるのが自然であろう。王柳貴がいつ渡来したのかはわからないが、それ以前の博士段楊爾《だんようにい》、これに代わって継体一〇年（五一六）に渡来した漢高安茂《あやのこうあんも》も官位が伝わらない。武田は、百済の官位が五三八年の泗沘《しひ》（扶余《ふよ》）遷都を契機に整備されたことも指摘しており、それとも矛盾しない。百済は六世紀に部司制・官位制を立てつづけに整備し、組織の官僚制的側面を強めて、そこに中国に由来する先進技術者たちも編成していたらしい。

一方、倭の官位制は、推古一一年（六〇三）の冠位一二階制定まで遅れる。推古期の学問・思想分野で活躍した「新漢」を姓に冠する人々の登場が、いずれも冠位一二階制定以後であることは、その意味でも注目される。この冠位制は対隋外交も意識し整備されたといわれるから、推古一六年（六〇八）に隋に派遣された「新漢」を姓とする学生は冠位を持った可能性が高い。『隋書』倭国伝はこれを「内官に十二等有り」と記している。倭ではこの段階にいたって、冠位に取り込まれた「新漢」も登場したとみられる。

こうしたことから、今来を取り込み後の品部・雑戸制にも継承されるような先進的な漢氏組織は、六世紀半ば前後から七世紀初頭にかけて形成されたものと考えられよう。

王辰爾の渡来

以上のように、六世紀の倭王権は、復活を遂げた百済の支援を受け、その内部に新たに渡来文化を再編・組織化していた。このなかで、王権支配とかかわる新たな文字技術も百済からもたらされた。それを運んだと思われる渡来人の一人が王辰爾《おうしんに》である。

『書紀』において王辰爾は、欽明・敏達の両王のもとで活躍した渡来系の人で、船《ふね》氏の祖として登場する。ただ、彼の渡来についてそれを明記する史料は存在しない。しかし一般に、辰爾が王姓のまま活動していることや、辰爾系の氏族の系譜伝承が西文《かわちのふみ》氏系の氏族系譜と結合・融合しつつ古く遡らされているとみられること、辰爾系氏族が百済出自を称していることなどから、百済から新たに渡来した人であろうとされている。また、墓誌としては現存最古の戊辰年（六六八）の年紀を持つ王後《おうご》墓誌には、「惟《これ》船氏故王後首は、是船氏の中祖王《おう》智《ち》仁《じん》首《のおびと》の児那《な》沛《は》故《こ》首《のおびと》の子也」という文言があり、王智仁、すなわち王辰爾が「中祖」とされている。この「中祖」は大王奉仕伝承の確実な始点となる現実的始祖を指していると考えられるから（義江明子『日本古代系譜様式論』吉川弘文館、二〇〇〇年）、船氏の実際は辰爾の渡来にはじまったとみてよい。

　さて、渡来後の辰爾の活動を伝える最初は『書紀』欽明一四年（五五三）七月甲子条の「樟勾宮《くすのまがりのみや》に幸す。蘇我大臣稲目宿禰《そがのおおおみいなめのすくね》、勅を奉りて王辰爾を遣はして、船賦《ふねのみつき》を数へ録《しる》す。即ち王辰爾を以て船長《ふねのつかさ》とす。因りて姓を賜ひて船史《ふねのふびと》とす。今の船連《ふねのむらじ》の先《おや》なり」とするものである。これは船史姓の由来を記した船氏祖先伝承で、主に船氏側の記録が参照されたとみられる。ただ、条文のもととなった船氏の伝承記録が年月日まで細かく伝えていたとは考えがたい。年月日については行幸に関する他の史料が参照された可能性がある。辰爾の活動は欽明の樟勾宮行幸とかかわるものとして伝えられていたのだろう。

　樟勾宮の場所については、クス（樟・楠）と、川の屈曲を意味する「勾」から、難波と近江の間の水上交通の要衝、現大阪府枚方《ひらかた》市楠葉《くずは》付近の淀川東岸旧流路に面した川津近くとする和田萃の見解が最も説得的である（「船氏の人々」『文書と記録』上、岩波書店、二〇〇〇年）。『書紀』はこの記事を、百済からの軍事援助の要請を受けた欽明が、それに応じる決意を示すためにとりあえず良馬二匹・同船《もろきふね》二隻・弓五〇張・箭《や》五〇張を百済へ送った、その翌月の出来事としている。倭の百済への本格的な軍事援助の準備は、ここにスタートした。前述の漢城をめぐり百済と新羅の関係が決裂した時のことである。ここで、その一〇ヵ月後には百済のために船四〇隻が用意されたとする『書紀』の伝承に留意すると、宮の名称「樟勾」があらためて注目されることになる。「樟勾」を、切り出された樟が宮付近の屈曲した川を下る様子に由来すると理解するならば、その樟は古代において船材として多用されていたからである。樟勾宮行幸の直前にあたる『書紀』欽明紀一四年（五五三）五月朔条は、和泉灘に浮く立派なクスノキで仏像を造ったという吉野寺の伝承も掲げている。当時、クス材が大阪湾に注ぐ川を下っていたことは間違いない。したがって、百済の要請に応じて軍事援助を決心した欽明の、直後の樟勾宮行幸は、造船用材などそれに必要な軍事物資の調達とかかわるものであった可能性が高い。半島への軍派遣を前に行幸した大王に対し、淀川水系を利用して周辺首長から物資の貢納があり、新たに渡来した辰爾がこれらを宮近くの津で計算・記録したということであろう。

王辰爾の活躍が以上のようなものであったとするならば、彼の渡来もまた、百済の倭に対する軍事要請と深くかかわっていたとすべきである。この点で、辰爾が王姓を冠したことはやはり積極的に評価されるべきと考える。王姓は、倭の軍事援助を見返りとして百済が倭へ贈与した諸博士らに多い姓でもあった。彼は、百済の戦略とかかわり、倭国へ新たな文字技術をもたらした百済からの中国系渡来人だったのである。

烏羽の表

次いで辰爾の活躍を伝えるのは、『書紀』敏達元年（五七二）五月丙辰条の著名な「烏羽の表」の話である。これは欽明三一年（五七〇）四月の越《こし》からの高句麗使人漂着報告に始まる、高麗使をめぐる一連の記事の一つで、高句麗が倭国に正式な使者を派遣したのはこれが最初であった。ところが、高句麗使は山城《やましろ》に新造された相楽《さがらか》の館《むろつみ》に迎え入れられたものの、そこで長く待たされているうちに、欽明大王の命が燃え尽きる。高句麗使のもたらした「調物《みつきもの》」と「表《ふみ》」がようやく都に送り届けられたのは、敏達大王即位の翌月までずれ込んでしまった。ここで大王のもとにもたらされた高句麗の表、すなわち高句麗の国書をめぐって問題が発生した。それが烏の黒い羽に書かれていたため、フミヒトらが誰も読めなかったのである。そのなかでただ辰爾だけが、その黒羽を湯気で蒸し絹布に押しつけて文字を転写し、解読に成功した。これに喜んだ敏達大王は辰爾に宮殿での近侍を命じる一方、「東西諸史《やまとかはちのもろもろのふみひと》」を「汝等習《なんぢらなら》ふ業《わざ》、何故《なにゆゑ》か就《な》らざる。汝等衆《おほ》しと雖《いふと》も、辰爾に及《し》かず」と叱責したのである。

しかし、高句麗の正式な国書が読みにくい仕掛けを持った烏羽に書かれたというのは不審である。したがって、高句麗国書は高句麗特有の漢文様式で記されていて、それに初めて接した当時のフミヒトらがこの解読に苦しんだことが逸話の背景にあったのではないかとする指摘がある（李成市『古代東アジアの民族と国家』岩波書店、一九九八年）。もしそうであれば、辰爾は渡来前に高句麗の文字文化をも習得していたことになる。

一方、辰爾と比較されて叱責を受けた東西諸史とは、フミヒトとしての職務を担う氏族組織として編成された人々のことである。これは辰爾の活躍した六世紀半ば以降整備されたものと推察され、船氏を形成した辰爾も基本的にこれら東西諸史に含まれるとみられる（加藤謙吉・二〇〇二年b）。彼らのなかには五世紀代の渡来人の系譜を引くものも少なくなく、「イマキ」の王姓者辰爾の知識が際立つ場面は多分に用意されていたであろう。

ただし、辰爾が前述のように倭・百済の軍事的連携のなかでそれを支える目的を持つ百済渡来の才伎とするならば、対高句麗外交での辰爾の影響力の増大は、そのまま倭の外交政策における百済の影響力の増大を意味する。実際、辰爾の関与が強まって以後の高句麗の対倭外交はうまくいかず、結局中断に追い込まれた。その後推古期に入りこれを再開させた高句麗は、今度は僧慧慈《えじ》を厩戸王子《うまやどのみこ》のもとに送り込み、その影響下に倭の外交を自国に引き寄せようと試みる。百済の辰爾を介した対倭戦略を、おそらく高句麗は参考としたのだろう。

ミヤケのネットワーク

白猪屯倉

百済渡来の辰爾が倭の外交で活躍していた頃、辰爾の甥《おい》とも伝えられる胆《い》津《つ》も新たな文字技術を用いて、吉備の白猪屯倉《しらいのみやけ》で活躍していた。

現在、各地に置かれたミヤケの性格については、これを土地・建物・労働力を含む経済体と捉え、その本質はヤマト王権による土地支配・領域支配にあったとする見解と、これを王権による支配の拠点施設・機関と捉え、土地支配に限定されない多様な目的を持ったものとする見解に分かれている。本質論を別にすれば、個々のミヤケが手工業生産を含み込み、外交・軍事なども視野に入れた多様性を持っていたことは事実である。

また、『書紀』は継体《けいたい》没後の安閑《あんかん》期に、王権が地方の混乱などに介入するなどを契機として、多数のミヤケを置いたと伝えており、ミヤケはほぼこの頃から各地に置かれるようになったとみる見解が有力である。磐井《いわい》の乱後、その息子が献上した糟屋屯倉《かすやのみやけ》は、『書紀』のミヤケ設置記事のなかで信用できる最初のものである。要するにミヤケは、五世紀を引きずる継体王権の終幕とともに登場した。ミヤケには中央から使者が派遣されることもあり、国造《くにのみやつこ》などに任命されて日常的にミヤケを管理するようになった地域の首長層がこれを迎えた。王権の分業組織を経済的に支える目的で各地に設定された部民《べみん》も、ミヤケによって管理されていた（舘野和己「ミヤケと国造」『古代を考える　継体・欽明朝と仏教伝来』吉川弘文館、一九九九年）。五世紀的な王権の分配構造が崩壊し、それに依拠した首長の支配体制も動揺するなか、王権には新たな支配システムが生み出されつつあったのである。

白猪屯倉の場合は、『書紀』欽明一六年（五五五）七月壬午条に「吉備の五つの郡《こほり》に、白猪屯倉を置かしむ」とあり、おそらくこの時に置かれた。ただ、『書紀』は翌年の七月己卯条にも吉備の児島郡《こじまのこほり》に屯倉を置き、葛城山田直瑞子《かつらぎのやまだのあたいみつこ》を田令《たつかい》にしたとしていて、この児島屯倉と白猪屯倉を同一とみるか否かで説が分かれている。いずれにしても、『書紀』欽明三〇年（五六九）条が、胆津は白猪屯倉の民（田部《たべ》）を「丁《よほろ》の籍《ふみた》」に検定し、その功で白猪史の姓を賜り、「尋《すなは》ち田令に拜《ま》けたまひて、端子が副《すけ》としたまふ」と伝えるから、田令端子がある児島屯倉とその副の胆津がある白猪屯倉との間に密接なつながりがあったことは認めなければなるまい。そして児島屯倉は、先の百済官人日羅が来倭時にここに宿停し、その労を倭王の使者大伴糠手子連《あらてこのむらじ》がねぎらった経緯もあるように、海上交通の拠点で、王権外交とも深くかかわった施設である。したがって、胆津が関与した白猪屯倉もまた、こうした児島屯倉の性格・機能と無関係ではなかったとみられる。

胆津の姓の「白猪」はおそらく百済の姓で（山尾幸久「県の史料について」『論究日本古代史』学生社、一九七九年）、胆津を、王姓を持つ辰爾《しんに》の甥とする『書紀』の注記は疑う余地がある。しかし以上のことから、胆津が、外交・水上交通ともかかわり置かれた王権の拠点で、文字を駆使し、帳簿で労働力を検定した百済渡来のフミヒトであるとするならば、その活動の場と内容は、辰爾とも通ずる。しかも、白猪屯倉が「吉備の五つの郡《こほり》」に置かれたとする所伝に注目するならば、確かに百済も王都や地方の行政区分に五という数字を基準として用いていた（武田幸夫「六世紀における朝鮮三国の国家体制」『東アジア世界における日本古代史講座』4、学生社、一九八〇年）。吉備《きび》には、百済の制の影響のもとに行政区分が設けられ、ミヤケも置かれた可能性が考えられてよい。

史料によれば、ミヤケには胆津のような文字技術者だけではなく、耕作者・生産者としても渡来系の人々が加わっていた。例えば、河内の茨田屯倉《まむたのみやけ》は、五世紀後半に河内湖周辺開発にかかわった加耶《かや》系渡来人の子孫を、六世紀半ば頃に秦氏に再編して置かれたものとみられる。その際、白猪屯倉に先駆けて、彼らは帳簿などで編戸《へんこ》すらされていた可能性がある（田中史生・二〇〇二年b）。こうして、おそらく一部倭人も包摂しながらミヤケに編成された渡来系氏族には、ミヤケ経営の上で重要な役割が期待されていた。それは当然、ミヤケに期待された重要な機能と結びつくものであった。

ミヤケと渡来系

その一つは、ミヤケの交通・交流機能である。ミヤケの開発が、広く各地から渡来系の人々を呼び込み行われたことは、『播磨国風土記《はりまのくにふどき》』がよく伝えている。また、各地のミヤケは、中央への物資運搬の必要から相互に交通関係も結んだ。ここにも、やはり渡来系の人々が関与した。こうしてミヤケ経営を担い広域的に活動するようになった渡来系氏族を中心に、韓国《からくに》、あるいは新羅から渡来し列島各地を遍歴したと伝えられる男神・女神を崇敬する、アメノヒボコ伝承・ヒメコソ信仰が広がった。まさに地域を越えて飛びまわる渡来神の話が、新たな交流空間に拡散・共有されていったのである。男神を主人公とした前者は主に難波《なにわ》—山陰《さんいん》間のミヤケの交通とかかわり、女神を主人公とした後者は主に難波—瀬戸内《せとうち》—豊後《ぶんご》道間のミヤケの交通とかかわり拡散した。ただしその伝承内容には地域的多様性があって、王権が上から押しつけた信仰というよりも、地域社会のなかで読み解かれる性格のものであった。これは、ミヤケが地域に、王権との二点間交通にとどまらない地域間交流、地域空間をも生み落としていた証拠である（田中史生・二〇〇二年b）。

もう一つはミヤケの生産機能である。例えば、加耶滅亡で鉄素材の供給が困難となるなか、西日本では六世紀後半から炉《ろ》による鉄精錬が一般化する。おそらく、これにも各地に置かれたミヤケが関係した。吉備では、五世紀後半以降縮小した製塩・鉄器生産が六世紀半ば以降増大するばかりでなく、製鉄も開始され、ここに白猪屯倉・児島屯倉とそのもとでの渡来系技術者の関与が想定されている（亀田修一「鉄と渡来人」『福岡大学総合研究所報』二四〇、二〇〇〇年）。天平一一年（七三九）度の「備中国大税負死亡人帳」には、秦系・漢系の人々の名もみえているが、加夜郡の忍海漢部《おしぬみのあや》などはその最も有力な候補者である。忍海漢人は鉄関連技術を持つ渡来系氏族として著名だからである。また、岡山県総社市秦村には少なくとも中世まで遡ることのできるヒメコソ神社があって、この「秦村」の地名は秦氏とかかわるものであろう。秦氏は、若狭《わかさ》・越前《えちぜん》・豊前《ぶぜん》などでも、ミヤケ経営とかかわり製塩・銅生産にも関与していた（加藤謙吉『秦氏とその民』白水社、一九九八年）。備前国珂磨《かま》郡地域で六世紀代に生産されたとみられる特徴的な人物埴輪《はにわ》・装飾須恵器・陶《とう》棺《かん》を、当地のミヤケと関連づける説も魅力的である（間壁葭子「可真・珂磨・かま＝窯」『新世紀の考古学』纂集堂、二〇〇三年）。

なお、『書紀』垂仁《すいにん》三年三月条が注記する、ヒボコの従人で近江国の「鏡村谷陶《かがみむらのはさまのすえ》人《ひと》」も、これがアメノヒボコ伝承とかかわることから、ミヤケとかかわり須恵器生産を行った渡来系の人々の伝承の可能性がある。この点は、現在知られている蒲生郡鏡山の須恵器窯が六世紀代とされていることとも矛盾しない。「新漢《いまきのあや》」の陶部もミヤケとかかわり従来の渡来系須恵器工人が再編されて登場した可能性を考えておくべきだろう。

このように右のいくつかの事例は、ミヤケが地域の生産拠点・交通拠点であったことを指し示している。したがって、ミヤケ経営に参与することが求められた各地の首長にとっても、ミヤケはそれがもたらす広域的なネットワーク・生産機能を自らの権力基盤に取り込めるメリットがあった。『書紀』大化元年・二年条が、所々で、王権への貢納物・部民・ミヤケがその管理者たる在地首長の私的収奪に激しくさらされていると非難し警戒するのは、その反映である。古くから筑後に拠点を持ち有明海を舞台に活躍した水沼君《みぬまのきみ》が、ミヤケを介してヒメコソ伝承を取り込んで、瀬戸内海に面した宇佐《うさ》から玄界灘に面した宗像《むなかた》にまたがる神話的世界を自己のものとしたのは、その具体例といえよう（田中史生・二〇〇二年b）。王権はミヤケを介して地域にただ一方的な屈服を強いたわけではないのである。

結び直されるネットワーク

しかしミヤケは、王権の政治的軍事的拠点であるとともに王権の経済的基盤であるともいわれるように、まずはその成果が王権に回収されることを前提とした施設である。ミヤケが相互にネットワークを結んだのもそのためである。このネットワークの先には、必ず大王宮や王子宮《みこのみや》がひかえていた。さて、『書紀』宣化元年（五三六）五月朔条は、河内《かわち》・尾張《おわり》・伊勢《いせ》・伊賀《いが》・筑紫《つくし》・肥・豊のミヤケから、倭国の玄関口たる筑紫の那津官家《なのつのみやけ》へ穀《もみ》が運ばれたとする。これは水上交通の存在を前提とせねば理解できない。ミヤケには、胆津のような労働力編成用の文字技術だけではなく、水上交通を利用し物資集積を管理する辰爾のような文字技術も使われたとみるべきである。そもそも加藤謙吉によれば、六世紀以後のフミヒトらは交通の拠点に分布し、その居地が後の律令期の駅家《うまや》所在地に重複・隣接するケースも少なくないという（加藤謙吉・二〇〇二年b）。これに関連し、ミヤケ経営の構造が駅家のそれと類似するとし、駅家の経営方式モデルにミヤケ経営が参照されたとみる永田英明の説も注目される（『古代駅伝馬制度の研究』吉川弘文館、二〇〇四年）。後の駅家には、ミヤケをその前身としたものもあったに違いない。そしておそらく、この王権につらなるネットワークの構築と、ネットワークの支配にこそ、王権復活のカギが隠されていたと考える。

五世紀の王権は、各地首長層の権威と結び付く渡来文化・文物を分配しつづけ、地域はこれを絶え間なく消費した。王権はこの構造によって地域を動員し、軍事活動や墳墓の造営を行っていた。しかし倭の社会は、五世紀末から六世紀初頭にはその財の意義を完全に消費し尽くしてしまった。この次に登場したミヤケ制の新しさは、地域に生産・交通拠点としてのミヤケを築くとともに、それを広域的ネットワークのもとに編し、王権はその援護・調停・センター機能を果たすかわりに、ミヤケの成果の一部は絶えず王権が回収する環流型システムをつくりあげたことにある。これによって、各地の首長層は王権によって安定化された広域ネットワークを手に入れることができた。以後は、渡来系技術がいかに地域性を備え定着しようとも、それがミヤケに取り込まれて機能するかぎり、王権の地域への定着と同じ意味を持ったのである。五世紀的な王権の分配構造が崩壊し、それに依拠してきた首長の支配体制が動揺するなか、各地の首長がミヤケを介して王権への従属を高めていたといわれるのは、このためである。上位首長と下位首長が衝突したとされる武蔵国造の乱でも、これに王権が介入しミヤケが置かれている。

一方、前述のように政治的手段とかかわる重要な渡来知識については、王権がほとんどそれを独占した。王権の中枢部では支配者層の意志の統一をはかる合議制も整えられた。この過程において、王権は再び隔絶性を高めることに成功したとみられる。六世紀中葉に王権が復活する様相は、古墳のありかたからも捉えられている（和田晴吾「古墳時代は国家段階か」『古代史の論点』4、小学館、一九九八年）。

韓国出土木簡からみる

ところで、近年、ミヤケによる支配に投入されたであろう辰爾や胆津の文字技術とかかわる考古遺物が韓国で出土している。木簡である。最近、韓国の国立昌原文化財研究所が韓国内の古代木簡を集成し、その写真・釈文を『韓国의古代木簡』（二〇〇四年）と題して一堂に公開したのは画期的なことであった。幸い、これには日本語版の出版もかなったが、その中で一つの目玉となった慶尚南道咸安《ハマン》郡城山《ソンサン》山城出土の木簡は、倭国へ渡来した文字技術の中身を考える上でも重要な示唆を与えてくれそうである。

咸安城山山城の所在地は、もと安羅の地であって、磐井が新羅に加担し継体大王と衝突した頃、当地では新羅・百済・倭も入り交じった激しい攻防戦が展開し、五四〇年代からは新羅の圧力が強まっていた。遺跡や木簡の表記からみても、木簡は新羅が安羅に攻勢をかけはじめた六世紀前半から半ば頃の、新羅の木簡であることが確実視されている。出土した木簡の多くは、(地名+) 人名+ (外位+) 物品で構成された荷札《にふだ》木簡で、山城への物資搬入とかかわるものである。加えて、最近、紙の文書を巻き付ける題籤軸《だいせんじく》も確認され、そこに「利豆村」の文字が判読されたことで、籍帳《せきちょう》を作成していた可能性も高まった。木簡と紙の文書を併用した文書行政は、日本でも律令期には一般的に確認できるが、新羅ではそれがはやくも六世紀半ばまでには成立していたのである。

こうした新事実を踏まえ、『韓国의古代木簡』収載の尹善泰「韓国古代木簡の出土現状と展望」は、新羅の加耶攻略の戦略拠点であった咸安に、洛東江の水系を利用した労働力や物資の調達があったとする自説をあらためて再論する。同書収載の李鎔賢「咸安城山山城出土木簡」も、荷札木簡の地名の検討から、新羅州制の組織がすでに機能していたとし、五二〇年頒布の新羅律令とかかわらせて、木簡には洛東江を基軸とした六世紀半ばの新羅の「地方経営ならびに地方のヒト・モノの掌握、物流、徴税と力役、『律令』の運営の断面、戸籍作成、文書行政など」が具体的に示されていると総括する。

ここで、辰爾が樟勾宮で淀川水系伝いに集まる軍事物資を教え録《しる》した事実を思い起こしてほしい。その文字技術の機能は、城山山城出土木簡で指摘される機能とほぼ一致することに気付くであろう。また城山山城で推定される地域行政区分と文書行政を前提とした物資・労働力の徴発、あるいは籍帳の作成は、胆津の白猪屯倉における活動内容とも重なる。しかもこれらは、時期においても差異がない。ところが右の一致にもかかわらず、城山山城出土木簡は新羅のものであり、辰爾・胆津は百済からの渡来人である。倭国はそれを百済経由で得たのだから、城山山城木簡と類似の支配の方法は、百済でも行われていたとしなければなるまい。百済の「外官」には戸籍徴発にかかわる点口部があり、百済の籍帳作成も六世紀半ばに遡ることは確実だが、最近、泗沘《しひ》遷都の五三八年より以前と推定される韓国扶余の陵山里木簡に、百済の籍帳作成を示す可能性のあるものが見出されている（近藤浩一「扶余陵山里羅城築造木簡の研究」『百済研究』三九、二〇〇四年）。新たな漢字文化は、またも、半島と列島の錯綜した政治関係のなかで広く共有されていったようである。

渡来人から「帰化人」へ

七世紀の渡来人

西暦	
589	隋，陳を滅ぼし南北を統合。
592	崇峻大王が暗殺される。
598	隋，水陸30万の兵で高句麗を攻撃。
600	倭，はじめて隋に遣使する。
601	新羅の「間諜」が対馬で捕らえられる。
602	倭兵2万5000，新羅攻撃のため筑紫に駐留する。
607	倭，小野妹子らを隋に派遣する。
608	小野妹子，隋使を伴い帰国。隋使の帰国に際し，再び妹子を隋に派遣。この年，新羅人が多く渡来する。
609	筑紫大宰，百済僧俗85人の肥後葦北津漂着を報告。
618	隋王朝が崩壊し，唐王朝が成立する。
623	帰国した入唐留学生恵日ら，在唐留学生の召喚と唐との交流を進言する。
630	倭，はじめて唐に遣使する。
631	唐，高句麗に侵攻する。
642	高句麗，泉蓋蘇文のクーデタが起こる。
643	百済，義慈王が権力を集中する。廃太子した余豊璋らを「質」として倭へ派遣する。
644	東国で常世神信仰が流行。弾圧される。
645	倭，乙巳の変で蘇我蝦夷・入鹿父子が排除される。
647	新羅，王の退位を求める反乱が起こり鎮圧される。
660	百済，滅ぶ。
661	倭，百済王子余豊璋に織冠を授け，本国へ護送する。
663	唐・新羅連合軍，百済遺臣軍・倭軍を白村江に破る。
664	倭，九州に防人・烽を置き，水城を築く。
665	倭，亡命百済人らの協力を得て山城を築く。
668	倭，中大兄王が即位（天智）。高句麗，滅ぶ。
672	倭，壬申の乱が起こる。
681	天武天皇，律令編纂を命じる。「三韓」渡来の「帰化人」に10年間の税免除を行う。

整理される諸関係

隋・唐帝国の成立

華北の争乱で晋《しん》が南に追われて以来、実に三〇〇年近くもの間南北で激しく対立してきた中国王朝の歴史は、五八九年、隋《ずい》が陳《ちん》を滅ぼしたことによって幕を閉じた。これを成し遂げた隋の文帝《ぶんてい》は、あらたな律令の制定を行うとともに、中央集権的な官制を整備し、また新都の造営や大運河の建設にも着手した。百済・高句麗はこの国際環境の変動に機敏に反応し、ただちに隋へ朝貢の使を送り、次いで新羅もその冊封《さくほう》を受けた。特に国境を接する高句麗にとって、強大な隋帝国の出現は大きな関心事であったらしく、いちはやく防備を整えたが、五九八年、文帝は高句麗の領域侵犯を口実に水陸三〇万の軍でこれを攻めた。この時、百済は隋に使者を派遣し、協力を申し出ている。六〇四年の文帝の死を受け即位した子の煬帝《ようだい》も、父の事業を受け継ぎ、高句麗へ次々と大軍を送り込んだ。これに高句麗の激しい抵抗が続き、東アジアは大動乱の時代に突入する。

　六一八年、隋は、大土木工事や高句麗遠征がたたり、全国的な大反乱を抱えて崩壊する。しかし、この混乱を勝ち残り、隋の遺産を受け継いだ唐《とう》は、隋帝国以上の強国であった。またも唐によって激しい圧力をかけられた高句麗では、六四二年、大臣（大対《だいたい》盧《ろ》）泉蓋《せんがい》蘇《そ》文《ぶん》が国王や諸大臣一八〇人以上を殺害するクーデターを起こした。蘇文は王弟の子宝蔵《ほうぞう》王を王位に就け、自らに権力を集中し、政治の実権を握って唐の侵攻に備える体制をしいたのである。同じ頃、百済でも即位したばかりの義慈《ぎじ》王が権力の中枢にある人たちを次々と国外に追放し、権力集中をはかっていた。このなかで、六四三年、王子余《よ》豊璋《ほうしょう》は太子を廃され、妻子や弟禅広《ぜんこう》らとともに「質」として来倭する。さらに、高句麗・百済両国は対唐政策において連携の動きを強めていった。

　一方、百済・高句麗に挟まれることになった新羅は、唐に接近する策をとったが、唐との同盟関係のありかたをめぐり、王権内に亀裂が生じてしまう。これが六四七年に内乱に発展し、それを制した王族の金春秋《きんしゅんじゅう》らが唐化政策をおしすすめていく。

蘇我蝦夷《そがのえみし》・入鹿《いるか》父子の台頭、それらを排除した中大兄《なかのおおえ》王子らによる六四五年の乙巳《いっし》の変も、こうした東アジア情勢に連動したものであったことは、ほぼ間違いない（鈴木靖民「七世紀東アジアの争乱と変革」『新版古代の日本』2、角川書店、一九九二年）。

監視される渡来

さて、隋が成立して東アジアの緊張が高まっていた頃、倭国は九州において沿岸警備を強化していた。

すなわち、『書紀』推古九年（六〇一）九月戊子条によれば、新羅の「間諜《うかみ》」が対馬で捕えられ、上野《かみつけののくに》に流された。「間諜」とは今日のスパイにあたる。さらに同一七年（六〇九）四月庚子条によれば、筑紫大宰《つくしのおおみこともち》から、百済僧一〇人・俗人七五人が肥後葦北《あしきたの》津《つ》へ漂着したとの報告がなされ、中央はそれを調べる使者として難波吉士徳麻呂《なにわのきしとくまろ》・船史《ふねのふびと》竜《たつ》を現地へ派遣した。船史はあの辰爾《しんに》の子孫で、百済人らの所持品や問答を記録する任務を負ったのであろう。難波吉士も外交やミヤケ経営で活躍した渡来系氏族である。彼らの調査によると、百済人らは百済王の命で「呉国《くれのくに》」に派遣されたが、その国が乱れて入国できず、帰国するところを暴風雨にあい葦北に漂着してしまったらしい。この「呉国」がどこを指すかは明確でないが、漂着した葦北津は有明海に面していて、かつて百済官人日《にち》羅《ら》の父を輩出した地域にある。翌月中央で復命を行った徳麻呂と竜は、さらに百済人送還の任務を与えられ、彼らを連れて対馬に到った。この時、一一人から倭国残留の申請が出され、それを聞いた中央政府は、一一人すべてを元興寺《がんごうじ》に住まわせることにしたという。

以上のように、七世紀初頭の倭国は、その境界領域での国際的な人の移動を、対馬や有明沿岸部にまで広げて監視していた。なお、推古一七年条に登場した「筑紫大宰」とは九州の統括と対外的任務を負った後の大宰府の前身で、この時が史料上の初見となる。

おそらく右の監視体制とかかわるのが、『書紀』推古一六年（六〇八）条の「是歳、新羅人多く化来《まうおもむ》けり」という極めて簡略な記事である。というのは、それまでの『書紀』の渡来人居留・移住関連記事には、それが今の某氏族になったとか、その子孫がどこそこに住んでいるとか、誰それがそれを連れ帰ったという一文が付されるのが一般的であった。これら『書紀』の渡来人関連記事は氏族の「家記」などを参照し書かれていたためである。ところが、推古一六年条には氏族伝承との関連性が全く見出せない。徳麻呂や竜の活動からは、当該期、九州沿岸に渡来者があると中央に報告があり、中央はそれを調査・記録・把握して、送還・安置などの措置をとっていたことが知られる。こうして作成された資料にもとづく何かが『書紀』編纂時に参照されていた可能性が高い。

ここで再び当該期の東アジアを鳥瞰《ちょうかん》するならば、隋は文帝から煬帝へ王位が移行する時期にあたっている。この頃、「東夷」諸王権でも激しいつばぜり合いがあった。新羅が六世紀に加耶をほぼその領内に組み込むことに成功したことは既述したが、六〇二年、百済はその新羅を攻撃し、加耶地奪還を狙う。倭国もこれに加担する姿勢をみせて軍を筑紫に駐留させ、新羅を威嚇《いかく》した（鈴木英夫『古代の倭国と朝鮮諸国』青木書店、一九九六年）。さらに、六〇三年からは高句麗が度々新羅に侵攻し、窮した新羅は隋に救援を要請した。これにより隋の煬帝は六一二年に高句麗へ一〇〇万の軍を動かしたが、その裏には新羅と敵対する百済も一枚かんでいた。『隋書』百済伝によれば、この時隋に協力を誓ったはずの百済が、実は密かに高句麗と通じていたという。そしてその高句麗は五九五年に僧慧慈《えじ》を倭国に派遣し、王権中枢にある厩戸王《うまやど》とのパイプを形成していた。この間、倭国は六〇〇年・六〇七年と隋に使者を送っている。これは倭王武以来の対中外交であった。これに対し、高句麗との対決を準備する煬帝は、高句麗とも通じる倭国を警戒し、六〇八年に答礼使裴世清《はいせいせい》を倭国へ派遣する。それを送り届ける名目で、倭国は三度《みたび》隋へ使者を派遣した。

以上のように、強大な隋帝国が成立して七世紀初頭の東アジアは、その全域が複雑な国際関係に包まれていた。これに照らしてみるならば、六〇一年の新羅「間諜」事件は倭国が新羅への軍事行動を計画していた時期、六〇九年の筑紫大宰による百済僧俗漂着の報告は遣隋使が答礼使とともに帰国した翌年、あるいは第三次遣隋使が派遣されていた年ということになる。また、新羅からの渡来人が増えた六〇八年前後は、高句麗の攻撃に新羅が苦しんだ時期にあたる。筑紫大宰《つくしのおおみこともち》設置の契機については、答礼使裴世清の来倭に求める見解もある（森公章『古代日本の対外認識と通交』吉川弘文館、一九九八年）。隋帝国の登場によって激しく錯綜する東アジア情勢を受け、倭国がそことの境界領域にあたる九州近海の交通の監視を強化していたことは明らかであろう。それは、渡来人を来着地で把握・記録する体制をもともなうものだったのである。

贈与外交の転換

この頃の倭王権にはすでに合議制が機能し、支配者層の意志統一がはかられていた。しかし、合議に参加する群臣のもとには、朝鮮諸王権から様々な贈与があり、いまだ外部王権と個別の関係も保たれていた。したがって、国際関係がますます複雑化するなかにあって、王権はそこに潜む複雑なネットワークをも強く警戒するようになる。

すなわち、泉蓋蘇文のクーデターを告げる高句麗使が難波津に停泊すると、倭王権は早速その難波に「諸大夫《もろもろのまえつきみ》」を派遣して、高句麗から贈られた「金銀」と「献物」を点検させている（『書紀』皇極元年二月丁未条）。さらに、百済で太子を廃された余豊璋らが来倭した直後にも、難波に到着の百済使に対して、「数大夫《まえつきみ》」を派遣し、「百済国の調」と「大臣に送れる物」「群卿に送れる物」の点検を行った（『書紀』皇極二年七月己酉条）。この時、大夫らは「去年」の使節と比較しつつ、「前例」と異なる百済側の贈物不備を指摘している。少なくとも百済使については、同様の点検行為がそれ以前から行われていたことがわかる。新川登亀男は、高句麗の「金銀」と百済の「国調」、高句麗の「献物」と百済の「大臣に送れる物」「群卿に送れる物」がそれぞれ対応するものと解釈し、これら使節のもたらす贈与物を、大王らへ贈られる「調」と大臣・群卿らへ贈られる「別献物」の二重構造と評する（『日本古代の対外交渉と仏教』吉川弘文館、一九九九年）。

最初にみたように、王権外交のなかで外交にかかわる支配者層に他王権から贈物が渡されることは、五世紀以前からあった。しかし、ここでの贈与外交の新しさは、大王が群臣らを難波に派遣し、調とともに群臣らが受け取る贈物の授受関係を点検したことにある。すなわち、個別的な贈与の側面が強調される「賂《まいない》」とは異なり、その授受行為自体が政治の中枢にある大王と群臣によって同時・同空間で確認・把握されているのである。

右の新しい外交形式の原型は、すでに王辰爾も関与した六世紀後半の対高句麗外交にみえていた。すなわち『書紀』敏達紀元年（五七二）五月朔条は、高句麗からの「調物」を群臣を派遣して客館で「検録」し京進させたとする。おそらく百済の意を受けた辰爾らのすすめもあって、彼らフミヒトの協力のもと、高句麗の贈与を王権として把握し、高句麗との贈与関係が群臣の間で個別化するのを防ごうとしたのであろう。結局、対高句麗外交は一時中断し、その復活は高句麗に隋の脅威が迫った五九〇年代以降となるのだが、この新たな外交体制が少なくとも七世紀前半頃までには友好関係にある百済にも拡大された。ただし、これが新羅に対しても適用された痕跡は確認できない。『書紀』推古三一年（六二三）是歳条によれば、新羅の「幣物《まいない》」が大臣蘇我馬子に近い境部臣《さかいべのおみ》・阿曇連《あずみのむらじ》に密かに渡ったことで、またも倭国の対新羅政策の足並みが乱れている。外交上の贈答が両国の同意の上で展開するとするならば、新羅の側に付こうとしない倭国との外交に、新羅がこうした贈答形式を同意した可能性は低い。

贈与外交の変化とともに、王権外交における大王の位置付けにも徐々に変化が現れる。

外交と大王

すでに「質」を介した外交関係でもみたように、そもそも王権外交とは王と王の関係を前提に機能する一面を持っていた。したがって、例えば『書紀』が、五世紀の雄略《ゆうりゃく》天皇が自分の即位とともに硬化した新羅の態度を非難したと伝え（雄略九年三月条）、神功《じんぐう》皇后が百済との友好関係を自分が死んでも継続させるよう周囲に遺言したと伝承するように（神功皇后摂政五一年三月条）、外交は王の個別人格に規定されて展開する性格を備えていたのである。これらは、「大化前代」の大王に対する豪族個人の仕奉が大王一代ごとに確認されるものであったという吉村武彦の指摘（『日本古代の社会と国家』岩波書店、一九九六年）に通じるものであろう。さらに律令期でも、王の個別人格の外交への影響が、天皇の中華的な徳の問題に読み替えられて意識されつづける。七九七年に桓武《かんむ》天皇へ『続日本紀』を撰上した菅野真道《すがののまみち》らが、桓武の代になって天皇の徳が四方の異民族に及んだとわざわざ強調しているのはその例である（『日本後紀』延暦一六年二月己巳条）。

しかし実際は、この王権外交の一代性は、少なくとも六世紀末頃以後克服されつつあったとみるべきだろう。五九二年の崇峻《すしゅん》大王暗殺では、その直後、筑紫駐屯の軍隊に「内の乱れに依りて、外の事を莫怠《なおこた》りそ」という政府の命が伝えられたという（『書紀』崇峻五年一一月丁未条）。王の死は外交政策に変更をもたらす不安材料たりうるとみなされつつも、この時期の支配者層にはその死を「内」の問題に押し込め、政策的継続を前提とする「外の事」とは切り離すべきとする認識が生まれつつあった。それから八〇年後の六七二年、筑紫大宰の栗隈王《くりくまのおおきみ》は「筑紫国は、元より辺賊《ほか》の難《わざはひ》を戍《まも》る。其れ城を峻《たか》くし隍《みぞ》を深くして、海に臨みて守らするは、豈内賊《あにうちのあた》の為ならむや」といって、王位継承をめぐる壬申《じんしん》の乱には荷担しないと宣言する（『書紀』天武元年〈六七二〉六月丙戌条）。七世紀後半には外交が「内」たる王位継承問題からは全く切り離された次元のものとして、しっかり意識されるようになっていた。

そして、王権が群臣と他王権との贈与関係を把握しようとする、前述の新たな外交形式の登場も、まさにこの前後のことであった。王権外交に有効な、しかし複雑で個別的な群臣の他王権との贈与関係も、もし大王・群臣全体の確認と承認を経るならば、個別的・複線的な外交チャンネルは王権のもとに一体化・顕在化された一つの束となって共有され、大王の死がもたらす王権外交の断線を回避する副線として、有効な役割を果たしうるであろう。友好関係にある百済・高句麗を中心に結ばれた新たな外交形式の登場は、贈与に依拠した外交関係が展開するなかにあって、そこに生じる社会関係の個別性、外交の一代性を克服しようとする一つのあらわれでもあったと考えることができる。百済の「質」豊璋が七世紀に数代の大王のもとにあったのも、こうした改革を前提としてのことだったのではなかろうか。すでにみた、六世紀末の百済王権の支援による蘇我氏の法興寺《ほうこうじ》造営も、確かに大王を含む支配者層全体の支持・確認を得たものであった。その意味で、蘇我氏の百済王権との関係は、新羅側からの贈与を受けて倭王と対決した襲津彦《そつひこ》や磐井《いわい》のものとは趣を異にするといわねばなるまい。

新たな渡来人居留

ところで、六世紀末から七世紀初頭は、全国的にミヤケとかかわる開発がすすみ、ミヤケ制が一層すすんだ時代でもある。福岡県豊前《ぶぜん》市小石原泉《こいしわらいずみ》遺跡のオンドル状遺構や大壁建物跡、あるいは福岡県小郡《おごおり》市干潟《ひかた》遺跡のオンドル状遺構などは、当該期のミヤケに秦《はた》系の人々などが関与し、瀬戸内に面した豊前から内陸の筑紫へ、その活動範囲を広げていった足跡の一つであろう（田中史生・二〇〇二年b）。なお、オンドル状遺構のことはすでに説明したが（六五～六六頁参照）、大壁建物というのは、一般に建物の壁が、びっしりと並んだ柱とそれを塗り込める土壁によって構築されたものを言い、やはり朝鮮半島系のものとみられている。

ただし、渡来人とのかかわりが示唆されるこうしたオンドル状遺構や大壁建物跡などは、当時のミヤケ設置地域ならどこでも検出されるというわけではない。小郡市付近は博多湾から内陸に向かうルートと有明海から内陸に向かうルートの交点にあたり、そこから筑後川を遡りつつ豊前へ向かうと瀬戸内海に出る。豊前小石原泉遺跡はその瀬戸内との接点に位置し、豊前国大宝二年戸籍で秦系住民の集住が認められる地域に近い。六六〇年滅亡の百済を復興しようと九州に置かれた斉明《さいめい》大王の朝倉宮《あさくらのみや》も、筑後川に面してそのルート上にあった。すなわち、これらは倭国の対外交通においても特に要地とされた場所とみられる。

これとほぼ同じ頃、近江《おうみ》の湖東・湖西南部でも大壁建物やオンドル状のカマドを持つ建物が登場する。近江と渡来人との関係はすでに考察したように淀川河口の開発の進んだ五世紀に遡るが、六世紀には志賀漢人《しがのあやひと》と総称される渡来系集団が王権の支持を受けて琵琶《びわ》湖《こ》の水上交通や対高句麗外交の管理・運営にかかわり、その運営は吉備のミヤケなどに類似した様相を備えていた（大橋信弥「近江における渡来系氏族の研究」『青丘学術論集』六、一九九五年）。彼らもまた、ミヤケを介して王権につらなる交通・物流・外交の実務を担っていたのであろう。『書紀』欽明三一年（五七〇）七月条が、難波津から引いた船を琵琶湖の大津で飾り立て、琵琶湖北岸で高句麗使を迎えたとするように、六世紀後半の近江が北陸来着の高句麗使を迎え入れる重要地であったことは確かである。これに、志賀漢人のなかのフミヒトらがかかわったとする推察は、妥当なものであろう（加藤謙吉・二〇〇二年b）。しかも、上述のように対高句麗外交が恒常化するのは五九〇年代以降で、当地にオンドル状遺構や大壁建物が登場する時期と重なる。高句麗使の来着地に近い石川県小松市の額見《ぬかみ》町遺跡でも、七世紀に入ってオンドル状遺構が出現するから、これらが対高句麗外交の展開を契機に出現した遺跡・遺構の可能性は高い。

　列島の大壁建物やオンドル状遺構が、朝鮮半島の何処に由来するのかはまだ明確でなく、遺跡の性格や渡来人の系譜についても、今後の調査・研究の進展が待たれる。ただし、これらの遺跡、あるいはその近傍の遺跡からは手工業生産との関連を示す遺物・遺跡、あるいは文字技術との関連を示す硯《すずり》なども検出されている。七世紀初頭前後から、技能・技術をもった渡来系の人々が王権交通の拠点に新たに配されたことは認めてよい。国際社会の緊迫化した状況は、こうした渡来人とその子孫たちの新たな移配も生んでいたのである。

渡来文化の新たなルート

　外交ともかかわり、新たな渡来系の移配がみられる一方で、当該期の倭王権は、東アジアに由来する最新の知識や技能の移入を、かつてのように朝鮮諸王権の意を受けて渡来する人々の身体にのみ依拠する形態を改めつつあった。

　『書紀』推古一六年（六〇八）九月辛巳条によれば、倭国は学生の倭漢直福因《ふくいん》・奈羅訳《ならのお》語《さ》恵明《えみよう》・高向漢人《たかむこのあやひと》玄理《げんり》・新漢人《いまきのあやひと》大圀と、学問僧の新漢人日文《にちもん》（旻《みん》）・南淵漢人《みなみぶちのあやひと》請《しょう》安《あん》・志賀漢人慧隠《えおん》・新漢人広済《こうさい》らの計八人を、遣隋使に同伴させて留学させた。彼らはいずれも渡来系氏族出身者で、そこにみえる「新漢」の史的意義についてはすでに検討を終えている。ここで注目したいのは、渡来系と渡来文化の新たな関係についてである。渡来系氏族がその内部で再生産してきた渡来文化・技術は、それが更新される場合、朝鮮半島から新たな渡来者を取り込むことが一般的であった。これが、朝鮮諸王権の意志の介在しやすい構造となっていたことは、すでにみたとおりである。ところが推古期以後は、渡来系氏族出身者を直接隋・唐に派遣することで、渡来文化・技術の刷新をはかることが一般化していく。ここに、前代に比して渡来文化移入に倭王権の主体的選択が働いていることは明らかであろう。『書紀』推古三一年（六二三）七月条によれば、中国に学び新羅経由で帰国した医《くすし》恵日《えにち》らは「唐国《もろこし》に留まる学者《ものならひひと》、皆学《なら》ひて業《みち》を成しつ。喚《め》すべし。且其の大唐国は、法式《のり》備り定れる珍《たから》の国なり。常に達《かよ》ふべし」と進言したという。恵日自身も百済経由で渡来した高句麗系を称する渡来系氏族の出身で、中国で医術を学んでいた（『続日本紀』天平宝字二年四月己巳条）。これを受けて、六三〇年には遣隋使に次ぐ遣唐使も実現したから、この時の恵日らの進言の内容は、対中外交における倭王権の戦略を代弁したものといってよい。

そして、その成果はすぐに現れた。蘇我本宗家を倒して新たに成立した七世紀半ばの孝《こう》徳《とく》王権下では、留学を終えて帰国した旻や高向玄理が国博士としてその知識を生かし活躍する。旻は、すでにみたように、帰国直後からその知識を法興寺の「旻法師之堂」などを介して、支配者層にも広く伝達していた。隋・唐での留学を経て直接身体化された倭国の人々の最新の知識・技能が、素早く王権の政治・文化に還元されたのである。

近年、西側諸国にまで到達した「シルクロード」とは異なり、漢文書籍を媒介として東側諸国をつないだ「ブックロード」が注目されている。それを提唱する中心的研究者の王勇は、五、六世紀頃、百済を介して中国南朝と日本列島との間に間接的に開かれた「ブックロード」が、遣隋使派遣で直接ルートに切り替わり、これが書籍の流通を加速させ、結果として奈良文化の開花につながったと指摘する（「『ブックロード』とは何か」『奈良・平安期の日中文化交流』農村漁村文化協会、二〇〇一年）。シャルロッテ・フォン・ヴェアシュアも、これに次ぐ遣唐使が、知的所有権を独占し政府運営の情報源とする王権戦略のなかで、留学生の派遣以上に漢籍移入を重要任務としたと推察する（「九世紀日本の情報輸入体制」『アジア遊学』二六、二〇〇一年）。渡来文化は輸入漢籍を介しても列島内で身体化され、各専門家がこれによって養成・再生産されるようになっていった。

以上の文化移入に渡来系氏族出身者が多くかかわっていたように、ここでの新たな渡来文化も、それ以前の渡来人の歴史の上に重なりあいながら取り込まれている。しかしその移入は、「外」と対峙する王権によって選択・統括され、かつての渡来人が身体化して持ち込んだ渡来文化のように、贈与関係を介し結ばれた多元的・複合的な政治・社会関係を形作る要素は希薄である。むしろ王を中心とする一つの政治世界を形作る方向に作用した。国際社会が新たな局面に入った七世紀、渡来人とその子孫たる渡来系氏族の役割も変化しつつあった。

「帰化人」へのみち

これまでみてきたように、六世紀後半から七世紀は、国際環境の変化に対応して、列島を取り巻く多元的・重層的なネットワークが、まるで倭国の「内」と「外」を区切るかのように王権に再編された時代である。しかし皮肉にもそれが同時に、王権が基盤としてきた倭の地域社会の枠組みを突き崩す原動力ともなっていた。

地域社会の動揺

『書紀』大化二年（六四六）三月甲申条によると、尾張《おわり》・三河《みかわ》あたりでは、都に徴発されてここから海路伊勢《いせ》を目指す東国の人々が、当地で人を雇い自分の馬を預けたことから、トラブルに巻き込まれる事件が頻発していた。都へ向かう東国の人々は、尾張・三河の各村落の村人と、そこの首長を介さずに直接契約を結んだらしく、都での用事を終えて馬を引き取りに戻ると、様々な理由を付けて馬が奪われるなどしたらしい。このため、王権はそれらの契約時に村の首長を立ち会わせて保証人とし、秩序の回復を目指した。外部世界を畏怖し、首長を介してそこと接していたはずの古代人には、ミヤケ設置以後の王権ネットワークの進展で、目の前を「異人」が通り、あるいは自ら「異域」を旅する機会が急増していた。このなかで、首長の頭越しに「外部」世界と関係を持とうとする者も増加していたのである。「外」と触れあう機会の増えた人々のなかには、自らの育った共同体や首長を相対化し、それらを捨ててより豊かな村・首長のもとに走る者も登場し、首長層の経営競争は労働力確保のための散財をともない、激しさを増していた。首長を介して「内」と「外」が重層的につらなる倭国の多元的・複合的社会は、王権のつくりだした広域的な「内」なるネットワークによって相対化され、流動化しつつあったといえよう（田中史生・二〇〇〇年）。

これとともに、それまで共同体を維持する役割を果たしてきたイデオロギー、宗教観も変更を余儀なくされていた。『令集解《りょうのしゅうげ》』儀制令春事祭田条が引く古記の「一云」によれば、かつてから村落共同体では、社《やしろ》を中核施設として、その管理者たる首長主導のもと村人が広く参加する春・秋の祭りが行われていた。これらは「尊長養老之道」とも称されたように、首長を軸としつつ年齢順に階層化された村の秩序を、村人全員が再確認する重要な機能を持っていた。ところが、この従来型の首長制社会の祭祀と全く異なる新興の信仰が、七世紀後半に急速に広がる。道教《どうきょう》との関連も指摘されている「常世《とこよ》の神」信仰である。

『書紀』皇極三年（六四四）七月条によれば、その教祖大生部多《おおふべのおお》は東国の富士川のほとりを拠点とし、蚕に似た虫を「常世の神」と称して、これを祭れば貧しい人は豊かになり、老人は若返ると喧伝《けんでん》した。すなわち、「常世の神」信仰がもたらす世界とは、従来の村落共同体の首長を軸に年齢順に階層化された秩序ではなく、それが転倒した世界であった。いわば「尊長養老之道」の価値の否定である。しかも「常世の神」への供え物は道ばたに並べられ、そこで信者は「新《にひ》しき富《とみ》入《き》来《た》れり」と叫んでいたという。「都鄙《とひ》」に広がった「常世の神」信仰とは、交通路をたどって「外部」世界から流入する新秩序を強く希望・歓迎するものだったのである。結局、中央からの抑圧で「常世の神」信仰は徐々に終息していくようだが、この盛行が交通の拡大と、それにともなう当時の動揺した地域社会を反映したものであったことは間違いなかろう。

史料では、七世紀中葉の王権が、その存立基盤である地域社会の動揺をとどめようと、交通網・人民移動・宗教などの管理強化を行ったことが多く伝えられている。地方支配の根幹たる評《こほり》（後の郡）も、ミヤケの領域支配を発展させるかたちで七世紀半ばの孝徳期に全面的に置かれたという（鎌田元一『律令公民制の研究』塙書房、二〇〇一年）。「乙巳の変」を経て、大化元年（六四五）に即位した孝徳大王は、西日本のミヤケネットワークの中核に位置した難波に遷都を断行し、東国へは特別に「国司」を派遣している。いずれも立評《りつぴょう》につながる動きであろう。『常陸国風土記』によれば、東国の立評は孝徳大王が派遣した「惣領」に地域の首長が許可をもらうかたちで進められている。こうして常陸国行方《なめかた》評の官人となった壬生連麿《みぶのむらじまろ》は、地域の開発や境界祭祀を、首長としてというよりも大王の代理人として遂行した。王権は動揺する地域社会を権力の外皮で覆い、直接コントロールしようとしていた。

白村江の敗戦の余波

こうして列島の重層的・多元的社会を串刺しにするかのように支配力を伸ばした王権は、七世紀後半の国際政治でまたもつまずいてしまう。しかもそれはこれまで以上に厳しい現実であった。六六〇年、友好国の百済が唐・新羅の攻撃を受けてとうとう滅亡してしまったのである。それでもなお抵抗をつづける百済遺臣の援軍要請を受けて、倭国は「質《むかはり》」としてあった余豊璋《よほうしょう》に最高位たる織冠位《しきかんい》を授け、百済に送り「百済王」に「冊立」した。しかし、唐・新羅と対決した倭軍は、六六三年八月、白村江《はくそんこう》で惨敗を喫し、豊璋も高句麗に逃れて、勝敗は決したのである。

これによって倭国には大量の渡来人が百済から流入する事態が起こった。七世紀初頭からは渡来人を渡来地の九州で把握する体制をしいていた王権も、さすがにこの大量渡来には、それをすべて掌握することができなかったらしい。例えば、『日本霊異記《にほんりょういき》』上巻第七には、備前国《びぜん》三谷《みたに》郡大領《たいりょう》（郡役所の長官）の先祖が、百済救援の役からの帰国に際し、自ら百済の禅師を連れ帰り、禅師指導のもと三谷《みたに》寺や仏像を造ったという話がみえる。その禅師は仏像をつくる材を得るため、上京し交易まで行ったという。この説話を裏付けるように、三谷寺に比定される三次《みよし》盆地の寺町廃寺では百済扶余のものと類似の文様を持つ軒《のき》丸瓦《まるがわら》が出土する。『書紀』によれば同じ時期、王権が渡来を把握した百済人らは、官人として中央で積極的に登用されるか、近江や東国に移配されていたから、備前の首長のもとで造寺活動を行った百済禅師は、おそらく中央がその渡来を把握できなかった人物であろう。彼は交易のために上京も果たしたから、こうした人々が比較的自在に列島を移動していた可能性も考えておかねばならない。七世紀後半から末に拡大する地方寺院については、鬼頭清明のいうように、中央から地方への波及だけでなく、白村江の敗戦などを契機とする地域の主体的受容も想定すべきであろう（『大和朝廷と東アジア』吉川弘文館、一九九四年）。三谷寺の話は、百済滅亡後の僧侶を含む多くの渡来人を、倭王権の朝鮮半島への軍事介入に参加した各地の首長層が独自に受け入れる場合のあったことを示している。当時は、地域社会の流動化とともに、地域秩序を支えた従来型の宗教観・世界観も揺らいでいたから、越境的・開放的な性格を持つ仏教の地域における受容は大きかったとみられる（田中史生・二〇〇〇年）。

しかし、こうした動きは二つの意味において、王権に大きな危機をもたらす。一つは、王権の対外的優位性の喪失である。王権が切り結ぶ「外」との関係は完全に破綻したまま、渡来の知識・文化は中央の統制を離れて各地に拡散する様相をみせていた。もう一つは、支配の基盤となるべき人的境界の流動化である。渡来人たちは、それ以前の関係を何ら清算しないまま、倭人の引き揚げ者らとともに、とにかく逃れるようにして列島に流れ着いた。その階層は王族・貴族から僧侶・一般の人々を含め多様である。列島を覆う人の流動化は、白村江の敗戦の後、一気に国際規模に広がったといっても過言ではない。こうして、東アジアのなかで再び相対化の波にさらされた倭王権には、新たなイデオロギーや支配体制が必要とされた。中華思想と天皇制を掲げる律令国家の登場は間近に迫っていた。

亡命百済人たちの処遇

次の律令国家において強く意識された日本の中華的世界観の根拠は、倭国による「百済王」豊璋の「冊封」の経験に加え、亡命百済王族の存在が大きかったといえる。百済の再興が事実上不可能となって以後も、倭国には豊璋の弟善光《ぜんこう》王やその家族などが留まったままであった。さらに、百済滅亡を受けて、百済の貴族層や知識層も次々と列島に移動してきた。彼らは、外交の失敗で危機に陥った倭王権を支えるべく様々な知識・技能を提供し、これが次の律令国家の諸制度の礎となったことはよく知られている。

白村江の敗戦後もしばらく、善光王らは百済国の客人としての待遇を受けていた。国際関係において孤立した倭国は、事実上百済国の復興が不可能となっていたにもかかわらず、長く文明移入ルートとして象徴的な意味を持った百済王権との関係に強く執着していたらしい。新たな国際関係を切り結べないままそれを放棄することは、外交を主導し求心力を保ってきた王権の存在意義を根本から揺るがすものとなるからである。百済復興計画が進行するなか死去した斉明の後、六年間も王位が空いた背景にはこうした事情もあったのだろう。この間、対高句麗戦を計画していた唐は倭国を牽制し頻繁に外交攻勢をかけていた。

その倭国に戦後の方向性が定まるのは、中大兄王が即位することになった六六八年頃のことであろう。この頃を前後して、倭国は唐・新羅と国交を回復し、百済国復興の放棄を正式に確認する。倭国の支援を期待した強国高句麗も、それを得られぬまま唐・新羅のために滅亡した。

しかし倭国は、王権の正当性と結び付いてきた百済国の存在自体を捨てることはしなかった。むしろこれを利用し、外交の失政で揺らいだ王権を、再び回復させようと目論む。すなわち、百済王権を倭国の体内に温存させようとしたのである。それは、百済王権の持っていた秩序を、そのまま倭王権の秩序にスライドさせることから始まった。

『書紀』は天智期から天武二年（六七三）にかけて、亡命百済人、耽羅《たむら》国王とその使者らに対し、それまで百済王が与えていた「官位《つかさくらい》の階級《しな》」に対応する倭国の冠位を授けたと記録する。耽羅国までを授位の対象とする根拠は、それまでの耽羅国が百済国に服属し、百済王から位を得ていたことにある。それと連動して、亡命百済王族には「百済王」という呼称を与え、後にそれを姓としていった。百済王氏の登場である。要するに百済王氏には、「百済王権」を取り込んで王朝を新たにした日本王権を象徴的に示す役割が期待されたのである（田中史生・一九九七年）。最近、韓国の百済宮南池遺跡出土木簡の「帰人」

「部夷」の表記から、七世紀の百済には中華思想が確実に存在したことが確認されているが、百済中華思想の核たる「百済王権」を包摂した日本古代王権にとって、それは自らが百済を上回る中華たることを標榜する大きな拠り所となりえたであろう。

なお、『三国史記』雑志第九によると、これと同じ動きが当該期の新羅にもあった。すなわち、六七三年には百済遺民に、六八六年には高句麗遺民に、本国の官位・官職にみあう新羅の官位・官職を授け、これを新羅王権に包摂している。これは、倭国にやや遅れて起こったが、ここにその直前の戦後処理をめぐる唐との対立があったことは間違いなかろう。新羅はこの時、倭国の亡命百済人に対する処遇を参考としたのではなかろうか。

また、新羅が六七〇年、旧高句麗の王族安勝を「高句麗王」に「冊立」したことも留意される。亡命百済王族への集団的呼称「百済王」号が確認できる確実なものは、六七四年(天武三)が最初なので、「百済王」号は新羅に刺激されて成立した可能性がある。六六八年に倭・新羅の国交回復がなって以後、両国は緊密に使者を往還させていた。百済国を失った倭国にとって、新羅との関係は、王権復活の大きなカギとなっていたことが窺われる。

国際関係の独占

右のような状況にあって、天武一〇年(六八一)に出されたのが、本論の最初に述べた、令を先駆的に適用し行った「三韓」渡来の「帰化人」に対する一〇年間の税免除である。令制下の「帰化人」への税免除は、戸籍に附した段階で適用されることになっていたから、これも彼らを個別に籍帳類に附すことを前提に実施されたものと考えられる。律令法的措置を、他に比していち早くこの時期の渡来人に適用したことは、律令法導入の決断に当時の渡来人の大量流入という現実が大きく影響していたことを物語る。「帰化人」成立に、天武《てんむ》期は一つの画期をなしていたということができよう。

また、天武期は外交でも一つの転機となった。倭国へ個別に贈与攻勢をつづけた新羅が、対倭外交の方式を大きく転換させたことで、外交をめぐる状況が一変したからである。新川登亀男は、天武期以後、新羅からの調《ちょう》が天皇国家の「官」に送られるとともに、それとは別に献上される「別献物」が天皇・皇后・太子らに贈られるようになったと指摘する。しかも当該期は新羅の立太子制、宗廟制《そうびょうせい》創出の画期で、新羅の新たな贈与のあり方には、新王権創出を示威するとともに、日本でも新羅の制に対応する立太子制構築を行うよう督促する意図があったという（『日本古代の対外交渉と仏教』吉川弘文館、一九九九年）。

これとともに、外交における大臣・群卿らの贈答が表面上その姿を消す。王権を相対化しかねない前代までの東アジアに広がる多元的諸関係を、天武王権は、幸運にも戦後処理をめぐって唐と対立し日本に近づいてきた新羅の協力を得て、押さえ込もうとしていた。人・モノを介して複数の王権と多重につながる前代までの多元社会の姿は改められていったのである。倭国の時代に重要な役割を果たした「質」による外交、あるいは贈与による技術者の渡来も、以後ほとんど姿を消してしまった。

ところで、『書紀』朱鳥元年（六八六）四月戊子条によると、新羅から皇后・皇太子に贈られるモノだけではなく、新羅大使らが天皇へ献上するモノも「別献物」と呼ばれている。これは後の渤海《ぼっかい》大使らが献上する「別貢物」と同じものであろう。ここで留意されるのは、周辺諸国の唐への献上品も、「幣」「国信」などと称されるものと、「庭実」「別貢」「別送」などと称されるものの二種類を用意するのが常識であったらしいということである（石見清裕『唐の北方問題と国際秩序』汲古書院、一九九八年）。唐が周辺諸国から受け取った「庭実」「別貢」「別送」は、おそらく新羅が日本にもたらした「別献物」に類するものであろうから、対唐外交ではスタンダードとなっていた贈与方式を、新羅は日本に持ち込んだ可能性が高いとみられる。

おそらく、その後の日本古代国家の対外関係の独占には、新羅王権との関係が果たした役割が大きかったのではないかと考えられる。しかし、その追究はすでに本書の課題を超えている。とにかく、「天皇」号や王朝名「日本」を採用した七世紀末の王権は、倭国とは全く異なる国際関係、渡来人との関係を築いた。その完成形がどのようなものであったかは、その概要を本論の最初で述べたので、もう一度それを参照していただきたい。倭国と渡来人の関係とはあまりにかけ離れた日本律令国家と「帰化人」の関係が、あらためて浮き彫りになるのではないかと思う。そして、その変貌のプロセスは、いつも境界の定まらぬ「内」と「外」の交錯のなかに起こった。結局「日本史」も、「日本」という絶対的な「内」の世界に立ち上がるものではなく、アジアの広域的・相対的な関係のなかに浮沈するものなのである。古代の渡来人は、今も、現代の日本人だけに排他的な所有権が認められていると考えられがちな「日本史」像を強く揺さぶる。それはまるで、いまだ実現できないでいるアジアの「国境」を超えた歴史の共有が、可能であることを強く訴えるかのようである。

あとがき

私がこの本の構想を練っていた頃、そのあとがきを北京で書くことになるとは想像もしていなかった。私は今、北京大学と本務校の関東学院大学から在外研究の許可を得て、今年の春から一年間の予定で家族ともども北京で暮らしている。最近は、言葉に苦労しながらも、ようやく生活のペースがつかめてきたといったところであろうか。

それにしても北京に移ってまだ間もないというのに、私はこの短い間に、日中関係や「東アジア」に関する歴史的場面を何度目の当たりにしたことか。当初、外国の衛星放送が受信できないマンションに住んでいたこともあって、二〇〇五年四月九日も十分な情報を持たず日本大使館近くを歩いていて、日本に抗議するあの大規模なデモ隊と鉢合わせするところであった。大使館周辺の警備が急に物々しくなったのを見て、デモ隊がこちらに向かっていると察知し、見てみたいという気持ちを抑えつつ、急ぎその場を離れた。大使館が投石の被害に遭ったのはその直後のことである。それからは、インターネットで頻繁に情報を集めることにしたが、そのうち世界が現状をどう受け止めているかも気になるようになり、日本や中国以外のホームページ、書き込みまで覗くようになった。

インターネットはさすがにグローバリゼーションを進展させたメディアである。中国においても、情報不足を感じることはまずない。しかし、グローバリゼーションの権化とも言うべきインターネットの世界で繰り広げられる言論自体は、実はグローバルというにはほど遠いものが多い。特に国際関係に関する書き込みなどは、インターネットで広く情報を集めたらしい匿名の書き手が、それをナショナルな衣に編み直し身にまとい、「外国」とそこに帰属する「国民」を冷笑・罵倒する。グローバルなツールが皮肉にもナショナリズムをかきたてる道具と化しているのだ。かつて、グローバリゼーションの進展が人々の心の「国境」をも低くしていくだろうという楽観的な見方があったが、現実はそう簡単ではない。グローバルな状況に直面した「東アジア」は、むしろ歴史を総動員して、ナショナリズムを強化することで不気味に共鳴し合っている。歴史学者は、歴史を自国の領土のように切り取り独占し、「民族」「国民」の誇れる旗としたいという人々の衝動が、近代国民国家の構造と深くかかわることをよく知っている。しかし、これほど市場もメディアも激しく「国境」を超えながら、それに抗《あらが》いリスクを厭《いと》わず「国境」意識を高める今の動きには、その根底にグローバル規模のもっと複雑な動きも絡みついているように思う。そうした国々は、大抵、「国境」を超える影響力を持つことには野心的だからだ。

けれども、そう悲観してばかりもいられない。私は卑近なことから強くそう思うようにもなった。私たち家族は少し前から、子供の通学や家族の生活の利便性を考慮し、外国籍の駐在員家族なども多く住むマンション地区に引っ越し暮らすようになった。ここは、経済成長で国際社会の注目を集める中国の一端をみるような場所ともいえるが、北京暮らしにすっかりとけ込んだ小学二年生の息子は、学校から帰宅するや否や毎日のようにこのマンション地区にある公園へ遊びに出かける。時折私もそれに付き合うが、そこでの「小さな世界」は、まるで「民族を超える」「国境を超える」といった看板の立つ見本市である。「国民」意識が未確立な彼らの遊びの感覚に、民族や国籍の壁が入り込む余地はほとんどない。言語の違いさえ問題にならないのである。子供に、さっきまで楽しく遊んでいた相手のことを尋ねても、「言葉が通じないからよくわからない」と素っ気ない。多言語を話す子供たちは、中国暮らしが長いだけでなく、親たちが国際結婚で結ばれている場合も少なくない。息子の友達に「お父さんは何人？」と聞かれた時は少々面食らった。

私は、校正のために何度もこの本の原稿に目を通している最中だったので、公園の「小さな世界」を見ながら、幾重もの人間関係を結んだ倭国の渡来人や、朝鮮半島の倭系の人々のことを想像した。中国にいる日本人、中国にいながら日常的に日本人と接する中国人、そして日本にいる中国人からも、今の現状にはため息がもれる。国際関係の矛盾の火の粉が真っ先に彼らの身に降りかかるのは、あの時と同じである。「内」と「外」の壁が激しく揺らされると、その不安が、強い権力や厚い壁を求めがちなことも。世界中に広がりつつあるいくつもの「国境」を持たない「小さな世界」を、どのようにして大きな世界に育てていくか。今は本当に思案の時であろう。少なくとも、歴史の共有空間をいつも「国境」付近でつまずかせている我々は、その「国境」が、対立と抑圧の歴史のなかで位置も姿も変えていただけでなく、「一国史」「民族史」に閉じこめることのできない人と人との広く多様な交流史を含み込んでいることに、もう少し心を配ってもよいのではないかと思う。折り重なる関係史を、無理に「国境」で引き裂かず、そのまま取り上げるならば、そこにある「小さな世界」の連鎖は果てしなく大きいものだろう。

ところで、私が、編集部からこの本の執筆を勧められたのは三年前に遡る。縁を取り持ったのは、同じ年に吉川弘文館から出版された『倭国と東アジア』〈日本の時代史2〉だったようだ。私はそこに「渡来人と王権・地域」と題した小文を書いていた。それは、私の恩師であり『倭国と東アジア』の編集を担当された鈴木靖民先生から与えられたテーマである。「渡来人と王権・地域」の執筆に際し、私に求められたのは、文字資料だけでなく、考古資料の活用であった。文献史学を専門とする私は、発掘調査にかかわった経験が少しはあったものの、それまでどちらかというと文字資料の豊富な律令期を中心に渡来人研究を行っていたから、いつもと勝手の違う原稿の準備に随分苦労した。文字史料の少なさを、豊かなはずの考古データが容易に埋めてくれないのである。文献史学と考古学は、それぞれが独立した方法論と議論を持つから、両者を結びつけるには、いくつものハードルがある。批判もある。考古学がほとんど素人の私にとって特に厄介だったのは、考古資料が、実は『日本書紀』と同じくらいその評価に関して多くの流動的な要素を含んでいるということであった。しかし、その苦しい仕事の後、私には予想外の新たな研究交流の道も開けた。例えば、一昨年の秋、考古学協会の大会で報告の場が与えられたことなどは、本当にありがたかった。本書には、他にもここ数年の出会によって得られた刺激や成果を多く取り込んでいる。私は、本書に必要な基礎作業を、幸運にもそれを書き始める前に、周りの後押しを受けてほとんど準備することが出来たのである。

しかし、私自身の渡来人研究が、盛んに振られる「国際化」の旗への疑念とからみつくのは、私がこの研究を始めた頃から変わらない。私は本書の依頼を受けた時から、倭国と渡来人の関係史を、外交史の枠組みにとどまらない大小様々なレヴェルの交流史のなかに描くつもりでいた。ところがそこで見たものが、今、偶然にも中国から日本やアジアの現実をみる機会を得たことで、私の目の前によりリアルな問題となって跳ね返ってきた。ここに来て、私は、研究のための刺激とエネルギーをまたもらったような気がしている。

二〇〇五年六月

田　中　史　生

参考文献

＊本書全般にわたり参考とした文献のみを掲載した。ここに掲げた著書・論文を本文中で示す場合、執筆者名と発表年により（田中史生・一九九七年）のように表記した。

植野浩三「須恵器生産の展開」『中期古墳の展開と変革』第四四回埋蔵文化財研究集会実行委員会、一九九八年
加藤謙吉『大和の豪族と渡来人』吉川弘文館、二〇〇二年ａ
加藤謙吉『大和政権とフミヒト制』吉川弘文館、二〇〇二年ｂ
新川登亀男『日本古代文化史の構想』名著刊行会、一九九四年
鈴木靖民「倭国と東アジア」『日本の時代史』２、吉川弘文館、二〇〇二年
田中俊明『大加耶連盟の興亡と「任那」』吉川弘文館、一九九二年
田中史生『日本古代国家の民族支配と渡来人』校倉書房、一九九七年
田中史生「〈異人〉〈異域〉と古代の交通」『歴史評論』五九七、二〇〇〇年
田中史生「渡来人と王権・地域」『日本の時代史』２、吉川弘文館、二〇〇二年ａ
田中史生「ミヤケの渡来人と地域社会」『日本歴史』六四六、二〇〇二年ｂ
田中史生「五・六世紀の大阪湾岸地域と渡来人」『歴史科学』一七五、二〇〇四年
田中史生「武の上表文」『文字と古代日本』２、吉川弘文館、二〇〇五年
花田勝広『古代の鉄生産と渡来人』雄山閣、二〇〇二年
山尾幸久『古代の日朝関係』塙書房、一九八九年

著者紹介

一九六七年、福岡県に生まれる

一九九六年、國學院大學大学院文学研究科日本史学専攻博士課程後期修了、博士(歴史学)

現在、早稲田大学文学学術院教授

著　書

日本古代国家の民族支配と渡来人　越境の古代史　国際交易と古代日本　国際交易の古代列島

歴史文化ライブラリー

199

倭国と渡来人

交錯する「内」と「外」

二〇〇五年(平成十七)十月一日　第一刷発行

二〇一九年(平成三十一)四月一日　第四刷発行

著　者　田《た》中《なか》史《ふみ》生《お》

発行者　吉川道郎

発行所　株式会社 吉川弘文館

東京都文京区本郷七丁目二番八号

郵便番号一一三—〇〇三三

電話〇三—三八一三—九一五一〈代表〉

振替口座〇〇一〇〇—五—二四四

http://www.yoshikawa-k.co.jp/

印刷=株式会社 平文社

製本=ナショナル製本協同組合

装幀=山崎　登

ISBN978-4-642-05599-4

歴史文化ライブラリー

1996.10

刊行のことば

現今の日本および国際社会は、さまざまな面で大変動の時代を迎えておりますが、近づきつつある二十一世紀は人類史の到達点として、物質的な繁栄のみならず文化や自然・社会環境を謳歌できる平和な社会でなければなりません。しかしながら高度成長・技術革新にともなう急激な変貌は「自己本位な刹那主義」の風潮を生みだし、先人が築いてきた歴史や文化に学ぶ余裕もなく、いまだ明るい人類の将来が展望できていないようにも見えます。このような状況を踏まえ、よりよい二十一世紀社会を築くために、人類誕生から現在に至る「人類の遺産・教訓」としてのあらゆる分野の歴史と文化を「歴史文化ライブラリー」として刊行することといたしました。

小社は、安政四年（一八五七）の創業以来、一貫して歴史学を中心とした専門出版社として書籍を刊行しつづけてまいりました。その経験を生かし、学問成果にもとづいた本叢書を刊行し社会的要請に応えて行きたいと考えております。

現代は、マスメディアが発達した高度情報化社会といわれますが、私どもはあくまでも活字を主体とした出版こそ、ものの本質を考える基礎と信じ、本叢書をとおして社会に訴えてまいりたいと思います。これから生まれでる一冊一冊が、それぞれの読者を知的冒険の旅へと誘い、希望に満ちた人類の未来を構築する糧となれば幸いです。

吉川弘文館

歴史文化ライブラリー

古代史

歴史文化ライブラリー

歴史文化ライブラリー

戦国大名の兵粮事情 ― 久保健一郎
戦乱の中の情報伝達 使者がつなぐ中世京都と在地 ― 酒井紀美
戦国時代の足利将軍 ― 山田康弘
室町将軍の御台所 日野康子・重子・富子 ― 田端泰子
名前と権力の中世史 室町将軍の朝廷戦略 ― 水野智之
戦国貴族の生き残り戦略 ― 岡野友彦
鉄砲と戦国合戦 ― 宇田川武久
検証 長篠合戦 ― 平山 優
織田信長と戦国の村 天下統一のための近江支配 ― 深谷幸治
よみがえる安土城 ― 木戸雅寿
検証 本能寺の変 ― 谷口克広
加藤清正 朝鮮侵略の実像 ― 北島万次
落日の豊臣政権 秀吉の憂鬱、不穏な京都 ― 河内将芳
豊臣秀頼 ― 福田千鶴
偽りの外交使節 室町時代の日朝関係 ― 橋本 雄
朝鮮人のみた中世日本 ― 関 周一
ザビエルの同伴者 アンジロー 戦国時代の国際人 ― 岸野 久
海賊たちの中世 ― 金谷匡人
アジアのなかの戦国大名 西国の群雄と経営戦略 ― 鹿毛敏夫
琉球王国と戦国大名 島津侵入までの半世紀 ― 黒嶋 敏
天下統一とシルバーラッシュ 銀と戦国の流通革命 ― 本多博之

近世史

細川忠利 ポスト戦国世代の国づくり ― 稲葉継陽
江戸の政権交代と武家屋敷 ― 岩本 馨
江戸の町奉行 ― 南 和男
江戸御留守居役 近世の外交官 ― 笠谷和比古
検証 島原天草一揆 ― 大橋幸泰
大名行列を解剖する 江戸の人材派遣 ― 根岸茂夫
江戸大名の本家と分家 ― 野口朋隆
〈甲賀忍者〉の実像 ― 藤田和敏
江戸の武家名鑑 武鑑と出版競争 ― 藤實久美子
江戸の出版統制 弾圧に翻弄された戯作者たち ― 佐藤至子
武士という身分 城下町萩の大名家臣団 ― 森下 徹
旗本・御家人の就職事情 ― 山本英貴
武士の奉公 本音と建前 江戸時代の出世と処世術 ― 高野信治
宮中のシェフ、鶴をさばく 江戸時代の朝廷と庖丁道 ― 西村慎太郎
馬と人の江戸時代 ― 兼平賢治
犬と鷹の江戸時代 〈犬公方〉綱吉と〈鷹将軍〉吉宗 ― 根崎光男
紀州藩主 徳川吉宗 明君伝説・宝永地震・隠密御用 ― 藤本清二郎
近世の巨大地震 ― 矢田俊文
江戸時代の孝行者 「孝義録」の世界 ― 菅野則子
死者のはたらきと江戸時代 遺訓・家訓・辞世 ― 深谷克己

歴史文化ライブラリー

近世の百姓世界——白川部達夫
闘いを記憶する百姓たち 江戸時代の裁判学習帳——八鍬友広
江戸の寺社めぐり 鎌倉・江ノ島・お伊勢さん——原 淳一郎
江戸のパスポート 旅の不安はどう解消されたか——柴田 純
〈身売り〉の日本史 人身売買から年季奉公へ——下重 清
江戸の捨て子たち その肖像——沢山美果子
江戸の乳と子ども いのちをつなぐ——沢山美果子
歴史人口学で読む江戸日本——浜野 潔
エトロフ島 つくられた国境——菊池勇夫
江戸時代の医師修業 学問・学統・遊学——海原 亮
江戸の流行り病 麻疹騒動はなぜ起こったのか——鈴木則子
江戸幕府の日本地図 国絵図・城絵図・日本図——川村博忠
江戸の地図屋さん 販売競争の舞台裏——俵 元昭
踏絵を踏んだキリシタン——安高啓明
墓石が語る江戸時代 大名・庶民の墓事情——関根達人
近世の仏教 華ひらく思想と文化——末木文美士
江戸時代の遊行聖——圭室文雄
松陰の本棚 幕末志士たちの読書ネットワーク——桐原健真
龍馬暗殺——桐野作人
幕末の世直し 万人の戦争状態——須田 努
幕末の海防戦略 異国船を隔離せよ——上白石 実
幕末の海軍 明治維新への航跡——神谷大介
江戸の海外情報ネットワーク——岩下哲典
幕末日本と対外戦争の危機 下関戦争の舞台裏——保谷 徹

近・現代史

江戸無血開城 本当の功労者は誰か？——岩下哲典
五稜郭の戦い 蝦夷地の終焉——菊池勇夫
水戸学と明治維新——吉田俊純
大久保利通と明治維新——佐々木 克
旧幕臣の明治維新 沼津兵学校とその群像——樋口雄彦
刀の明治維新 「帯刀」は武士の特権か？——尾脇秀和
維新政府の密偵たち 御庭番と警察のあいだ——大日方純夫
京都に残った公家たち 華族の近代——刑部芳則
文明開化 失われた風俗——百瀬 響
西南戦争 戦争の大義と動員される民衆——猪飼隆明
大久保利通と東アジア 国家構想と外交戦略——勝田政治
明治の政治家と信仰 クリスチャン民権家の肖像——小川原正道
文明開化と差別——今西 一
大元帥と皇族軍人 明治編——小田部雄次
明治の皇室建築 国家が求めた〈和風〉像——小沢朝江
皇居の近現代史 開かれた皇室像の誕生——河西秀哉
明治神宮の出現——山口輝臣

歴史文化ライブラリー

歴史文化ライブラリー

「国語」という呪縛 国語から日本語へ、そして〇〇語へ——川口 良・角田史幸
柳宗悦と民藝の現在——松井 健
遊牧という文化 移動の生活戦略——松井 健
マザーグースと日本人——鷲津名都江
金属が語る日本史 銭貨・日本刀・鉄炮——齋藤 努
書物と権力 中世文化の政治学——前田雅之
書物に魅せられた英国人 フランク・ホーレーと日本文化——横山 學
災害復興の日本史——安田政彦

民俗学・人類学

日本人の誕生 人類はるかなる旅——埴原和郎
倭人への道 人骨の謎を追って——中橋孝博
神々の原像 祭祀の小宇宙——新谷尚紀
役行者と修験道の歴史——宮家 準
幽霊 近世都市が生み出した化物——高岡弘幸
雑穀を旅する——増田昭子
川は誰のものか 人と環境の民俗学——菅 豊
名づけの民俗学 地名・人名はどう命名されてきたか——田中宣一
番と衆 日本社会の東と西——福田アジオ
記憶すること・記録すること 聞き書き論ノート——香月洋一郎
番茶と日本人——中村羊一郎
踊りの宇宙 日本の民族芸能——三隅治雄
柳田国男 その生涯と思想——川田 稔

世界史

中国古代の貨幣 お金をめぐる人びとと暮らし——柿沼陽平
渤海国とは何か——古畑 徹
古代の琉球弧と東アジア——山里純一
アジアのなかの琉球王国——高良倉吉
琉球国の滅亡とハワイ移民——鳥越皓之
フランスの中世社会 王と貴族たちの軌跡——渡辺節夫
ヒトラーのニュルンベルク 第三帝国の光と闇——芝 健介
グローバル時代の世界史の読み方——宮崎正勝
人権の思想史——浜林正夫

考古学

タネをまく縄文人 最新科学が覆す農耕の起源——小畑弘己
農耕の起源を探る イネの来た道——宮本一夫
老人と子供の考古学——山田康弘
〈新〉弥生時代 五〇〇年早かった水田稲作——藤尾慎一郎
交流する弥生人 金印国家群の時代の生活誌——高倉洋彰
文明に抗した弥生の人びと——寺前直人
樹木と暮らす古代人 木製品が語る弥生・古墳時代——樋上 昇
古墳——土生田純之
東国から読み解く古墳時代——若狭 徹